DIÁLOG

CURSO INTENSIVO
DE PORTUGUÊS PARA **BRASIL**
ESTRANGEIROS

Manual do Professor

Dados Internacionais de Catalogação na Publicação (CIP)
(Câmara Brasileira do Livro, SP, Brasil)

Leite, Marina Ribeiro
    Diálogo Brasil: curso intensivo de português para
estrangeiros: Manual do Professor/ elaborado por Marina
Ribeiro Leite; com a colaboração de Emma Eberlein O. F.
Lima, Samira Abirad Iunes. — São Paulo : EPU, 2003.

    ISBN 85-12-54221-7

    1. Português - Estudo e ensino - Estudantes estrangei-
ros 2. Português - Livros-texto para estrangeiros I. Iunes, Samira
Abirad. II. Leite, Marina Ribeiro. III. Título. IV. Título: Curso
intensivo de português para estrangeiros.

03-2542   CDD-469.824

Índices para catálogo sistemático:
    1. Português: Livros-texto para estrangeiros   469.824
    2. Português para estrangeiros   469.824

Diálogo Brasil - Manual do Professor
Correções da Nova Ortografia

pg	Antiga ortografia	Nova ortografia	pg	Antiga ortografia	Nova ortografia
02	co-autora	coautora	86	dêem	dêem
09	idéias	ideias	87	idéias	ideias
10	idéias	ideias	88	idéias	ideias
11	lingüísticas	linguísticas	89	idéia	ideia
11	freqüentemente	frequentemente	93	idéias	ideias
12	idéias	ideias	94	idéia	ideia
12	seqüência	sequência	95	idéia	ideia
12	lingüísticas	linguísticas	100	idéias	ideias
14	idéias	ideias	101	idéias	ideias
15	bem humorado	bem-humorado	102	conseqüência	consequência
16	idéias	ideias	102	idéias	ideia
17	idéias	ideias	105	idéias	ideias
18	idéias	ideias	105	agüentarei	aguentarei
20	cinqüenta	cinquenta	108	idéias	ideias
23	idéias	ideias	109	idéia	ideia
24	idéias	ideias	109	infra-estrutura	infraestrutura
29	cinqüenta	cinquenta	114	idéias	ideias
30	cinqüenta	cinquenta	114	européia	europeia
30	idéias	ideia	116	bom dia	bom-dia
32	idéias	ideia	117	seqüências	sequências
32	boa noite	boa-noite	118	cinqüenta	cinquenta
36	seqüência	sequência	119	européia	europeia
37	lingüiça	linguiça	120	filé-mignon	filé mignon
37	cinqüenta	cinquenta	121	cinqüenta	cinquenta
38	idéias	ideias	122	vôo	voo
43	idéias	ideias	123	idéia	ideia
44	idéias	ideias	123	vôo	voo
44	infra-estrutura	infraestrutura	124	idéia	ideia
44	bem feita	bem-feita	126	auto-expressão	autoexpressão
50	pólo	polo	127	auto-expressão	autoexpressão
50	idéias	ideias	127	vôo	voo
51	infra-estrutura	infraestrutura	128	idéia	ideia
55	vêem	veem	128	idéias	ideia
55	tranqüilidade	tranquilidade	134	bóia-fria	boia-fria
56	idéias	ideias	135	idéia	ideia
57	idéias	ideias	139	bem humorado	bem-humorado
57	infra-estrutura	infraestrutura	139	freqüentemente	frequentemente
58	idéias	ideias	139	idéia	ideia
58	tranqüilidade	tranquilidade	140	freqüentemente	frequentemente
60	lêem	leem	146	tranqüilamente	tranquilamente
62	idéias	ideias	149	pronto socorro	pronto-socorro
63	idéias	ideias	153	corínthians	corinthians
64	tranqüilas	tranquilas	155	idéia	ideia
64	idéias	ideias	157	idéia	ideia
68	idéias	ideias	158	bóia-fria	boia-fria
74	idéias	ideias	162	seqüências	sequências
75	idéia	ideia	162	seqüência	sequência
80	idéias	ideias	162	lingüísticas	linguísticas
81	idéias	ideias	165	lingüísticas	linguísticas
85	idéias	ideias			

Você encontra este livro na EPU - Rua Joaquim Floriano, 72 - 6º. andar - Salas 65/68 - CEP 04534-000 - Itaim Bibi - São Paulo - SP
Tel.:(011) 3168 6077 / Fax.:(011) 3078 5803 - E-mail: epu@epu.com.br - Site na Internet: http://www.epu.com.br/

DIÁLOGO

CURSO INTENSIVO
DE PORTUGUÊS PARA
ESTRANGEIROS BRASIL

Manual do Professor

Elaborado por
Marina Ribeiro Leite

com a colaboração de
Emma Eberlein O. F. Lima
Samira Abirad Iunes

E.P.U.  EDITORA PEDAGÓGICA
E UNIVERSITÁRIA LTDA.

Sobre as autoras:

Emma Eberlein O. F. Lima, Mestre em Letras pela Universidade de São Paulo; Professora de Português para estrangeiros em São Paulo. Co-autora de: Avenida Brasil - Curso básico de Português para estrangeiros (E.P.U.); Português Via Brasil - Curso avançado para estrangeiros (E.P.U.); Falar... Ler... Escrever... Português - Um Curso para Estrangeiros (E.P.U.); Inglês - Telecurso de Segundo Grau (Fundação Roberto Marinho). Diretora da Polyglot - Cursos de Português para estrangeiros em São Paulo.

Samira Abirad Iunes, Doutora em língua e literatura francesa pela Universidade de São Paulo (USP). Professora do Departamento de Letras Modernas da USP - Curso de Francês e do Curso de Especialização em Tradução francês-português/ português-francês. Co-autora de: Avenida Brasil - Curso básico de Português para estrangeiros (E.P.U.); Português Via Brasil - Curso avançado para estrangeiros (E.P.U.); Falar... Ler... Escrever... Português - Um Curso para Estrangeiros (E.P.U.).

Marina Ribeiro Leite, Licenciada em Letras Clássicas pela Universidade de São Paulo, Professora de Português em São Paulo. Co-autora de: Língua Portuguesa - Telecurso Primeiro Grau (FRM/MEC/UnB). Direção e texto final de Língua Portuguesa e Literatura 2º Grau - O Novo Telecurso (Fundação Roberto Marinho/Fundação Bradesco). Tradutora pública: Francês/Português.

Capa: Virgínia Fernandes Lima de Assis (Absoluta Criação Visual)

ISBN 85-12-54221-7

E.P.U. - **Telefone** (011) 3168-6077 - **Fax.**: (011) 3078 5803
E-Mail: vendas@epu.com.br   **Site na Internet:** http://www.epu.com.br
Rua Joaquim Floriano, 72 - 6º andar - conjunto 65/68
CEP 04534-000 - São Paulo - SP - Brasil

Impresso no Brasil   Printed in Brazil

Índice

1. Introdução

Diálogo Brasil é um projeto multimídia de ensino de português para estrangeiros, que tem como público-alvo profissionais e executivos de diferentes nacionalidades que vêm trabalhar no Brasil, quer em empresas multinacionais, quer em empresas nacionais.

Tem por objetivo básico desenvolver a capacidade de compreensão oral e escrita do aluno, bem como sua capacidade de comunicação oral em contextos da vida cotidiana, familiar e profissional.

Por seu conteúdo e estrutura, pela atualidade dos temas abordados, destina-se também a públicos jovens.

Material do Curso:

Livro-Texto do aluno, com 296 páginas, contendo 15 unidades, três avaliações, Fonética e Apêndice gramatical - Conjugação verbal.

Áudio - Compreende dois conjuntos:

— 2 CDs ou Fitas cassetes, com os textos iniciais e os diálogos de todas as unidades do Livro-Texto, além da parte de Fonética;

— 4 CDs ou fitas cassetes com 15 unidades paralelas às do Livro-Texto. Acompanha Livro de exercícios e de audição.

Glossários (Inglês, Alemão, Francês)

Manual do Professor Este Manual apresenta a estrutura do curso e a orientação didática para seu desenvolvimento, com sugestões concretas e respostas das questões de texto e dos exercícios de aplicação gramatical.

Tanto o material impresso como o áudio seguem orientação metodológica definida a seguir.

2. Metodologia

O curso está organizado em quinze unidades temáticas, selecionadas a partir de situações que permitem uma visão globalizada da realidade brasileira, de seus aspectos culturais e econômicos mais evidentes. Todas as unidades do Livro-Texto obedecem a uma estrutura bem definida, constituída de três **passos metodológicos**, identificados pelas alíneas **A**, **B** e **C**. Cada um desses passos comporta, por sua vez, passos intermediários, indicados numericamente.

Passo A
Refere-se à exploração da temática da unidade através de questionamentos, texto na forma de matéria jornalística, questões de compreensão do texto, diálogos e vocabulário básico pertinente.

A1 Pensando sobre o assunto
Objetivo
O objetivo deste item é levar o aluno a concentrar-se no tema da Unidade e a refletir sobre ele através de manchetes curtas, perguntas simples, afirmações rápidas, às vezes ilustrações, que preparam o aluno para a leitura do texto em **A2**. A reflexão sobre o tema e a rápida conversa entre professor e aluno em **A1** dão a este mais condições de situar-se dentro do tema e de entender mais facilmente o texto de **A2**.

Procurou-se empregar em **A1** palavras propositalmente transparentes, com semelhanças em outras línguas, como por exemplo em inglês, francês ou espanhol, a fim de facilitar os primeiros contatos do aluno com o português.

Como proceder
Desde o início do curso, o professor deve examinar, com o aluno, as idéias contidas em **A1** e **conversar** sobre elas,

numa linguagem clara e simples, com o maior número possível de palavras transparentes. Com habilidade, ele estabelecerá, assim, uma comunicação fácil, fundamental para o seu trabalho de levar o aluno a falar português. Através dessa conversa pautada no material de **A1**, o professor prepara a atividade seguinte, **A2**, a leitura do texto jornalístico.

A2 Lendo o texto

Objetivo
A opção pela apresentação dos textos na forma de matéria jornalística decorre da intenção de colocar o aluno diante de um texto mais ágil, de linguagem mais direta, de assimilação mais rápida, preparando-o, desde o início do curso, para a leitura de jornais e revistas brasileiras, habilidade importante e urgente para seu desempenho profissional e essencial para sua adaptação pessoal ao país, no caso de vir a morar nele.

Como proceder
— Leitura silenciosa feita pelo aluno. A compreensão do texto será grandemente facilitada pela presença das palavras transparentes. É importante, nessa fase, que o aluno, ao final da leitura silenciosa, tenha pelo menos uma idéia geral do conteúdo do texto. O professor poderá auxiliá-lo, explicando uma ou outra palavra ou expressão. As ilustrações, se houver, e os *leads* facilitarão esse entendimento. Ele estará, assim, desenvolvendo uma forma de aproximar-se de textos de imprensa, mesmo sendo aluno iniciante.

— Alternativamente, o professor poderá explicar algumas palavras ou expressões, antes de o aluno iniciar a leitura silenciosa.

— O professor poderá, então, fazer perguntas gerais e de resposta fácil sobre o texto, apenas para verificar o quanto o aluno conseguiu entender dele.

— Em seguida, o aluno ouvirá a leitura do texto pelo gravador ou pelo professor e poderá ler em voz alta o texto já compreendido.

A3 Voltando ao texto
Objetivo
Levar o aluno a retomar o texto e a localizar nele suas dificuldades de compreensão.
Como proceder
As questões propostas em **A3** devem ser respondidas imediatamente após **A2**. Caso o aluno cometa erros, esses deverão ser discutidos sempre a partir do texto estudado.

A4 Dialogando
Objetivo
Apresentar ao aluno formas ágeis de comunicação coloquial, com introdução das estruturas gramaticais a ser estudadas na unidade.
Neste item são apresentados vários diálogos ,com intenções de fala bem definidas. Os títulos dos diálogos revelam, na maioria das vezes, essas intenções.
Como proceder
O aluno primeiramente ouvirá os diálogos, um a um, seja por fita ou CD, seja pela leitura feita pelo professor. Em seguida, é a sua vez de ler os diálogos sozinho, com um colega ou mesmo com o professor. Deverá haver um esforço de ler o diálogo com expressão, o que facilitará a compreensão de seu conteúdo e sua retenção. Quando o texto permitir, o aluno poderá narrar o que ouviu. Muitas vezes, o diálogo poderá ser encenado da forma como aparece no livro ou com algumas alterações. O professor, nesse momento, deverá criar formas interessantes de retomar os diálogos, para que o aluno entenda e incorpore as estruturas lingüísticas novas.
Através dos diálogos, freqüentemente são apresentados aspectos culturais brasileiros, que deverão ser ressaltados e explicados ao aluno pelo professor.

A5 Ampliando o vocabulário

Objetivo

Expandir o vocabulário ligado ao tema da unidade, para que o aluno tenha mais condições de trocar idéias dentro do assunto. Esse vocabulário complementar é apresentado em forma de lista de palavras, de pequenas frases, palavras agrupadas por grupos semânticos e pequenos exercícios. A ampliação do vocabulário referente ao tema proposto para a unidade dá ao aluno novas possibilidades de comunicação.

Como proceder

O professor deverá levar o aluno a aplicar esse vocabulário em situações organizadas: pequenos diálogos sobre o dia-a-dia do escritório (na Unidade 2, página 16) ou sobre a seqüência de atos durante um jantar em restaurante (na Unidade 3, página 32). Pode também desenvolver uma conversa agradável com o aluno sobre preferências alimentares ou produção nacional de frutas, a partir do material da página 33. Para fixação das palavras de "À mesa", também à página 33, o aluno poderá ser solicitado a pôr a mesa ou a associar palavras:

bife → faca e garfo; guaraná → copo; boca → guardanapo.

Passo B

Refere-se à exploração gramatical dos textos dados. Compreende duas partes:

B1 Estudando a língua

Objetivo

Apresentar e sistematizar as estruturas gramaticais essenciais para a comunicação em português.

A sistematização das questões gramaticais não é tomada como um fim em si mesma, mas como instrumento para a aquisição e reforço das estruturas lingüísticas necessárias à comunicação oral e escrita efetiva. As estruturas estudadas são sempre introduzidas antes, em frases dos textos e diálogos (A1, A2, A4). O professor deverá apoiar-se nessas frases para introduzir o estudo de cada item gramatical.

Observação

Na conjugação dos verbos, optou-se por não apresentar as formas da 2ª. pessoa, uma vez que na linguagem informal, cotidiana, mesmo nas regiões onde o *tu* é corrente, predominam as formas verbais da 3a. pessoa, com *você*.

Como proceder

Todos os itens gramaticais a ser estudados na unidade estão juntos, em **B1**, mas podem ser trabalhados independentemente, distribuídos ao longo das aulas que cobrem a unidade. Por exemplo: lido o texto "Robert Wiener se apresenta" (Unidade 1, página 3), o professor poderá trabalhar com o Futuro Imediato. (Página 5). O importante, porém, é trabalhar todos os itens de uma unidade, antes de se passar à unidade seguinte.

B2 Aplicando o que aprendeu

Objetivo

Possibilitar os automatismos necessários à comunicação fluente, mediante exercícios de consolidação das estruturas gramaticais.

Como proceder

O professor poderá abordar os exercícios, logo após a introdução do item selecionado, dado em **B1**. Uma vez selecionado um item, o aluno deverá fazer todos os exercícios a ele referentes. Se, por exemplo, após a leitura do texto "Robert Wiener se apresenta", o professor decidir trabalhar o Futuro Imediato, sistematizado em **B1**, página 5, deverá prosseguir o trabalho com os exercícios do item, às páginas 9 e 10.

Recomenda-se ao professor que, de acordo com o perfil de seu aluno, crie situações novas para usar a estrutura gramatical estudada.

Passo C

Todo o trabalho desenvolvido nos passos **A** e **B** converge para as atividades desenvolvidas em **C**. O aluno, neste ponto, deverá falar livremente sobre aspectos variados do tema da unidade, com o qual já está familiarizado, tendo já aprendido o vocabulário específico.

Pode-se dizer que o método **Diálogo Brasil** é intensivo, justamente porque leva o aluno dos passos **A** e **B**, diretamente ao **C**, cujo objetivo é fazê-lo falar, trocar idéias, conversar em português.

Alguns aspectos ou novos aspectos do tema tratado em **A** são de certa forma ampliados em **C**, mediante pequenos textos ou questões, que expandem o campo de conversação.

Objetivo

Levar o aluno a conversar livremente em português sobre assuntos ligados ao tema da unidade, com o qual já trabalhou durante os passos **A** e **B**.

Visa explicitamente à comunicação oral. O aluno, agora, passa da comunicação orientada para a comunicação livre e espontânea.

Em **C1 Trocando idéias**, o aluno falará sobre aspectos que percebe na realidade brasileira.

Em **C2 Chegando lá**, o aluno falará sobre suas experiências e sobre seu país, sempre a partir do tema da unidade.

Como proceder

O professor e o aluno deverão **trocar idéias** e **conversar** livremente.

Avaliação

A cada cinco unidades é proposta uma avaliação, obedecendo à mesma estrutura das unidades, e a seus objetivos básicos: testar a capacidade de leitura e compreensão de texto, o domínio das principais estruturas gramaticais estudadas, a incorporação de vocabulário básico, possibilitando a comunicação oral e escrita em língua portuguesa.

14

Ilustrações

As ilustrações do Livro-texto não são meramente decorativas. Têm função didática bem definida, enquanto facilitadoras da aprendizagem, com dois objetivos:

1) Contribuir para a identificação de objetos, lugares, situações e para a compreensão de significados e de estruturas gramaticais;
2) Arejar o texto, mediante elementos bem humorados, despertando a curiosidade e o interesse pelo assunto tratado.

As ilustrações contidas em **A (A1, A2, A4 e A5)** e em **C (C1 e C2)** atendem ao primeiro objetivo e o professor deverá explorá-las nesse sentido.

As contidas em **B (B1 e B2)** atendem, geralmente, ao segundo objetivo. No entanto, quando a ilustração em **B** é importante para o entendimento do conteúdo e para o desenvolvimento das estruturas gramaticais, em foco, deverá ser analisada.

Áudio

No material de áudio complementar, as atividades se concentram em três passos:

A Dialogando

Novos diálogos e atividades interativas sobre os temas das unidades levam o aluno a melhorar sua compreensão oral, a ampliar e a consolidar o vocabulário básico necessário para sua comunicação efetiva.

B Aplicando o que aprendeu

Apresentam-se neste item novos exercícios de aplicação gramatical, reforçando a aquisição dos automatismos necessários à comunicação fluente.

C Chegando lá

Pequenos textos, diálogos e questões sobre novos aspectos da temática das unidades levam o aluno a expressar idéias pessoais, com espontaneidade.

Além das fitas cassetes e/ou CDs, o aluno conta com o Livro de Exercícios e de audição. Nele estão impressos todos os diálogos do áudio, exercícios e respostas.

3. Trabalhando com o Livro-Texto

3.1 Unidade 1: Chegando

Idéias básicas:
O Brasil e as atividades de telecomunicações.
As empresas estrangeiras no Brasil.
O mercado brasileiro.
Esta Unidade tem como tema o desenvolvimento, no Brasil, das atividades de telecomunicações, atraindo empresas estrangeiras.
Foi criada uma empresa fictícia - TELECOMSAT – de origem canadense, a ser instalada em Campinas, no Estado de São Paulo.
O Diretor de Vendas da TELECOMSAT, Robert Wiener, será a personagem central, desde sua apresentação, nesta Unidade, até sua instalação definitiva no Brasil, em situações de seu dia-a-dia pessoal e profissional, envolvido, também, em problemas decorrentes de sua adaptação à vida brasileira.

A1 Pensando sobre o assunto
O tema é apresentado ao aluno pela primeira vez, através das três manchetes, que abordam três aspectos: o mercado de telecomunicações, o potencial econômico dessa área e as perspectivas do mercado brasileiro.
Recomenda-se a leitura das sugestões para **A1**, à página 9.

A2 Lendo o texto
Antes de passar à leitura do texto propriamente dito, pode-se ler e discutir com os alunos a manchete da matéria jornalística e o *lead*, que sintetizam as idéias centrais do tema a ser desenvolvido.

17

No texto "Telecomsat vai expandir suas atividades no país" a empresa é apresentada por seu diretor de vendas, Robert Wiener.

Dificuldades do texto a ser esclarecidas rapidamente pelo professor, se necessário:

• **gramaticais:**
  – uso do Futuro Imediato. Telecomsat vai expandir... / vai instalar.../ vai ser...

• **de vocabulário:**
  – interior do Estado(toda a região de um Estado, excluindo a capital)
  – aparelhos de última geração (os mais modernos).

Recomenda-se a leitura das sugestões para **A2** à página 10.

A3 Voltando ao texto

As questões propostas admitem respostas rápidas e respostas completas.

As respostas rápidas exigem do aluno a identificação da palavra-chave (substantivo, verbo, adjetivo, expressão adverbial) que corresponde à idéia central da questão.

1. Resposta rápida: *TELECOMSAT*
Resposta completa: *O nome da nova empresa é TELECOMSAT.*

2. Resposta rápida: *Em Campinas.*
Resposta completa: *A TELECOMSAT vai ser instalada em Campinas, cidade do interior do Estado de São Paulo.*

3. Resposta rápida: *Para expandir suas atividades no país.*
Resposta completa: *A TELECOMSAT vai construir uma fábrica porque vai expandir suas atividades no país.*

4. Resposta rápida: *De última geração.*
Resposta completa: *Os aparelhos são de última geração.*

A4 Dialogando

Nesta Unidade, os dois diálogos giram em torno de situações

18

de apresentação e dos primeiros contatos de Robert Wiener na empresa. O primeiro, "Muito prazer!", mostra uma situação formal de apresentação, em que é usada a forma de tratamento **o senhor**. Os interlocutores são o presidente e diretores da empresa. O segundo, " Oi", refere-se a uma situação informal, em que é usado o tratamento **você**.

Intenções de fala:
Cumprimentar. Apresentar-se. Apresentar alguém. Empregar as formas de tratamento: você, o senhor, a senhora.
Depois da apresentação e análise dos dois diálogos, é importante mostrar a diferença entre o senhor/você. O professor poderá encenar apresentações semelhantes entre os alunos, podendo, inclusive, usar personagens fictícias nas apresentações. .
Em "Robert Wiener se apresenta", as intenções são: dar informações sobre si mesmo, sobre seu trabalho e seu país de origem.
Robert dá sua "ficha completa" : nome, apelido, origem, profissão, idade, estado civil etc.
Com base nessa apresentação, propõe-se ao aluno o preenchimento da ficha de Robert Wiener:

Nome: .... *Robert*
Sobrenome: .... *Wiener*
Nacionalidade: .... *canadense*
Profissão: .... *engenheiro*
Empresa: .... *TELECOMSAT do Canadá*
Cargo: .... *Diretor de Vendas*
Idade: .... *35 (trinta e cinco) anos*
Estado civil: .... *casado*
Filhos: .... *2 (dois)*

O exercício com a Ficha de Robert Wiener pode também ser repetido, oralmente, com cada aluno, sobre seus dados pessoais. O aluno poderá, no final, redigir um pequeno texto

sobre si mesmo ou sobre outra pessoa, semelhante ao "Robert Wiener se apresenta".
Recomenda-se a leitura das sugestões para **A4** à página 11.

A5 Ampliando o vocabulário

Neste item são apresentadas algumas frases úteis e o organograma da Telecomsat. O professor deverá dar ênfase às frases, organizando situações para que sejam aplicadas. Essas frases deverão ser incorporadas pelo aluno, por serem extremamente necessárias em seu dia-a-dia, agora que inicia sua comunicação em português.

A Ficha de Robert, associada ao organograma da Telecomsat, permite a exploração oral de dois campos semânticos:
— vida pessoal - nacionalidade; estado civil; relações familiares (pai, mãe, filhos ,irmãos, avós etc.);
— vida profissional - profissão; cargos; tipos de empresa.
Recomenda-se a leitura das sugestões para **A5** à página 12.

B1 Estudando a língua

Nesta Unidade, os assuntos gramaticais abordados são:
- **Verbos**:
  — Presente do Indicativo de **ser, ter, ir, trabalhar**
  — Futuro imediato
- Formas interrogativas;
- Preposições e contrações: **em, de**;
- Masculino – Feminino;
- Singular – Plural;
- Formas de tratamento: **você, o senhor, a senhora**
- Números de **zero a cinqüenta**
Recomenda-se a leitura das sugestões para **B1** à página 12.

B2 Aplicando o que aprendeu

Neste item são propostos exercícios sobre as estruturas gramaticais tratadas em **B1**, na mesma ordem de apresentação.

O objetivo é consolidar a aprendizagem dessas estruturas e criar os automatismos necessários à comunicação fluente Recomenda-se a leitura das sugestões para **B2** à página 13.

Presente do Indicativo

Ser

a) Eu sou engenheiro

1. _é_   2. _são_   3. _somos_   4. Elas _são_
5. _é_   6. _é_   7. _são_   8. _sou_

b) Relacione.

Eu	sou	brasileira /holandês/brasileiro/italiano
Vocês	são	inglesas/americanos/canadenses/ franceses
Nós	somos	inglesas/americanos/canadenses/ franceses
Meus filhos	são	americanos/canadenses/franceses
Meu chefe	é	holandês/brasileiro/italiano
Você	é	brasileira/holandês/brasileiro/italiano
Minha amiga	é	brasileira
Elas	são	inglesas/canadenses

Ter

a) Eu tenho vinte e oito anos.

1. _tenho_   2. _tem_   3. _tem_   4. _tem_
5. _temos_   6. _têm_   7. _têm_   8. _têm_

b) Eu não tenho tempo. Eu tenho muito trabalho.

1. _têm_ - _temos_   2. _têm_ - _têm_
3. _tem_ - _tenho_   4. _tem_ - _têm_

Ir

Eu vou para Campinas

1. _vão_ - _vou_   2. _vai_ - _vamos_
3. _vai_ - _vão_   4. _vão_ - _vai_

-AR – Trabalhar

Eu **trabalho** em São Paulo.

1. _mora_ 2. _chego_ 3. _falam_
4. _falamos_ - _falam_
5. _trabalham_ - _trabalha_
6. _gostam de_ - _gostamos de_

Futuro imediato

Eu **trabalho** muito.

Amanhã eu **vou trabalhar** muito.

1. _vai jogar_ 2. _vão ter_ 3. _vamos chegar_
4. _vão estudar_ 5. _vai ser_ 6. _vou ter_

Formas interrogativas

a) Relacione

(3) A nova secretária
(7) Vinte e cinco dólares
(6) Bem e rápido
(1) Em setembro
(8) Eu sou diretor de produção
(2) Na Rua das Estrelas, 70
(4) Porque trabalho aqui
(9) Três
(5) Vou visitar um amigo.

b) Faça a pergunta

Siga o exemplo. *Quem é ele?*

Ele é o vice-presidente da companhia

1. *Onde eles moram?*
2. *Como é a casa deles?*
3. *Quantos funcionários tem a companhia?*
4. *Qual é o principal produto da companhia?*
5. *Quando eles vão ao clube?*
6. *O que eles fazem no clube?*
7. *Por que você mora em Belo Horizonte?*

Contrações

Siga o exemplo.

a) Ele é o Presidente _da_ companhia.
1. _do_   2. _da_   3. _do_   4. _do_   5. _das_

b) Ele vai trabalhar _na_ fábrica.
1. _na_   2. _no_   3. _na_   4. _no_   5. _nos_

C1 Trocando idéias

O que você pensa ?

A proposta, neste item, é a discussão das razões que levam uma empresa estrangeira a escolher um país ou região para instalar novas unidades, para expandir seus negócios. O aluno deve ser estimulado a dar sua opinião, a discutir seu ponto de vista sobre o assunto. O que, no mercado brasileiro, atrai o investidor estrangeiro? Recomenda-se a leitura das sugestões para **C1** à página 14.

C2 Chegando lá

Como já foi dito, este item é o ponto de chegada de cada unidade. O aluno deve ser capaz de empregar as estruturas gramaticais estudadas, na sua comunicação sobre seu país e suas experiências,

Por tratar-se da primeira unidade do curso, de apresentação, o aluno é estimulado a identificar-se, a falar de seu trabalho, de seu país, de sua família e de seus planos para o futuro. Recomenda-se a leitura das sugestões para **C2** à página 14.

3.2. Unidade 2 - Agendando a semana

Idéias básicas

O dia-a-dia do empresário, do executivo: horários, compromissos, principais atividades e contatos da empresa.

A1 Pensando sobre o assunto

Propõe-se aqui a agenda de trabalho de Robert Wiener, Diretor de Vendas da Telecomsat, selecionando as principais atividades de dois dias da semana.
Foram escolhidas atividades que correspondem à rotina de trabalho de um executivo.
A discussão da agenda prepara o caminho para a leitura e discussão do texto.

A2 Lendo o texto

Em "Telecomunicações: novo satélite", apresenta-se uma das áreas de interesse do governo brasileiro em matéria de desenvolvimento econômico, que tem atraído investidores estrangeiros.
Dificuldades do texto:
* **gramaticais:**
  — Futuro Imediato → vai apresentar/ vai ter, etc.
O texto é muito simples, não apresentando dificuldades específicas de vocabulário.
Como foi feito na Unidade 1, o aluno deverá ler o texto em silêncio, apoiando-se nas palavras transparentes, para depois ouvir sua leitura pelo professor ou através do gravador.

A3 Voltando ao texto

O item **a) Certo ou errado?** refere-se à compreensão do texto propriamente dito. O aluno deverá identificar as afirmações falsas e as verdadeiras.

    1. C;   2. E;   3. C;   4. E;   5. C

O item **b) Consulte a agenda e responda**, exige do aluno a identificação das atividades agendadas à página 13 quanto às datas de realização e a identificação da data da notícia do jornal bem como sua procedência.

Neste item também cabem respostas rápidas e respostas completas.

1. Resposta rápida: *Antes.*
Resposta completa: *O jornal publica a notícia antes da reunião em Brasília.*
2. Resposta rápida: *Quinta-feira.*
Resposta completa: *A reunião vai ser na quinta-feira, 13 de agosto.*
3. Resposta rápida: *Quinta-feira.*
Resposta completa: *Ele prepara a reunião com os diretores da empresa na quinta-feira, dia 6 de agosto.*
4. Resposta rápida: *Brasília.*
Resposta completa: *A notícia do jornal é de Brasília.*

A4 Dialogando

São apresentados três diálogos. No primeiro, **Que horas são**, Robert e sua secretária Helena discutem alguns itens da agenda do dia e do dia seguinte. Neste diálogo são retomadas as expressões relativas aos dias da semana e introduzidas expressões de períodos do dia e horas. (São onze horas/ às dez/ das oito às nove). No segundo, **Pedindo informações**, além das horas, faz-se referência ao mês e à estação do ano, possibilitando seu estudo. No terceiro, **Dando opinião**, é introduzida a expressão : Você acha que...

Intenções de fala:
Descrever as atividades marcadas na agenda (dia, horários, duração do compromisso).
Dar opinião.
Empregar a expressão " Você acha que... ?"

A5 Ampliando o vocabulário

O enfoque está na identificação de situações e/ou objetos relacionados com os seguintes conceitos: **Agenda** (marcar, cancelar compromissos), **Telefone** e **Material de escritório**.

B1 Estudando a língua

Nesta Unidade são tratados os seguintes itens gramaticais:
- **Verbos:**
  — Presente do Indicativo de **estar, receber, querer, poder**
  — Emprego de **ser** e **estar**: diferenças
- Estações do ano: **nome** das estações e respectivos **meses**, no Brasil
- **Dias** da semana e **períodos** do dia
- Expressões relativas às horas: **Que horas são? A que horas? Das duas às quatro.**
- Emprego de **O que você acha?**
- Possessivos **meu (s), minha(s); nosso(s); nossa(s)**
- Números de **51** a **199**

B2 Aplicando o que aprendeu

Receber

a) Eu recebo cartas

1. _escrevo_	2. _responde_	3. _vendemos_
4. _atendem_	5. _comemos_	6. _recebem_
7. _agradecemos_	8. _escreve_	
9. _respondem_	10. _atendemos_	

b) Eu escrevo cartas. Por que você não escreve?
Eu **bebo** cerveja. O que elas **bebem**?

1. _escrevo_ - _escreve_	2. _comem_ - _comem_
3. _bebemos_ - _bebem_	4. _atendem_ - _atende_
5. _recebe_ - _recebem_	6. _vendemos_ - _vende_

26

c) Eu estou no escritório.

Amanhã eu vou **estar** no escritório.

1. _vai atender_   2. _vamos vender_
3. _vamos conhecer_   4. _vão receber_

d) Eu pergunto, mas você não responde.

1. _vendem_ - _compram_   2. _bebemos_ - _gostamos_
3. _pergunta_ - _responde_   4. _vendo_ - _trabalho_

Estar

Relacione.

Você	está	nervoso/ nervosa
Eu	estou	nervoso/ nervosa
Meus amigos	estão	nervosos
Minhas amigas	estão	nervosas
Nós	estamos	nervosos/ nervosas
Minha colega	está	nervosa
Meu colega	está	nervoso

Poder

Ele não pode trabalhar no sábado.

Eu também não posso.

1. _posso_ - _pode_   2. _podem_ - _podemos_
3. _posso_ - _podem_   4. _pode_ - _pode_
5. _pode_ - _pode_

Querer

Você quer falar com ele?

1. _quero_ - _quer_   2. _querem_   3. _queremos_
4. _querem_ - _queremos_   5. _quer_ - _quer_

Poder/querer

Faça frases.

Ele **não pode** comprar esta casa porque é muito cara.

Eu **não posso** falar com você porque eu estou muito ocupado.

Nós **queremos** marcar uma reunião porque o projeto é urgente.

Vocês **não querem** trabalhar aqui porque o trabalho não é interessante

Ser # Estar

a) Você é estrangeiro.
Você **está** no Brasil.

1. _é_ - _estou_   2. _são_ - _estão_   3. _É_ - _está_
4. _é_ - _é_   5. _é_ - _está_   6. _está_ - _é_

b) Relacione

Aqui no escritório	nós somos	engenheiros/ competentes
	nós estamos	contentes/ muito ocupados hoje
Hoje	é	sexta-feira/ dia 2
	está	um dia bonito/ quente

Meu (s)   Minha (s)
Nosso (s)   Nossa (s)

a) Robert explica:
Minha família é pequena. Somos quatro pessoas: _minha_ esposa, _meus_ filhos e eu. _Meu_ filho tem 8 anos e _minha_ filha tem 5 anos.
Tenho, também, duas irmãs. _Minhas_ irmãs moram no Canadá.

b) O Dr. Vieira explica:
Nossa empresa é grande. _Nossa_ fábrica é em Campinas, mas também temos um escritório de vendas em São Paulo.
Nosso diretor de vendas chama-se Robert Wiener, um canadense.
Nossas secretárias falam inglês e espanhol.
É necessário: _nossos_ clientes são do Mercosul.

Horas

a) Que horas são?

(13:15)   <u>É uma e quinze.</u>

(13:20) <u>É uma e vinte.</u>

(13:45) <u>É uma e quarenta e cinco.</u> / <u>São quinze para as duas.</u>

(14:00) <u>São duas horas.</u>

(17:20) <u>São cinco e vinte.</u>

(18:50) <u>São seis e cinqüenta.</u>/<u>São dez para as sete.</u>

(12:00) <u>É meio-dia.</u>

(12:25) <u>É meio-dia e vinte e cinco.</u>

(24:00) <u>É meia –noite.</u>

b) A que horas?

Examine a agenda de Robert Wiener, na 4ª.-feira, e responda:

1. <u>Às quatro horas.</u>
2. <u>Às onze e meia.</u>
3. <u>Às duas horas.</u>
4. <u>Às sete horas.</u>
5. <u>Às dez horas.</u>

c) Das oito às dez

Examine, agora, a agenda de 5ª.-feira e responda:

1. A aula de português é das <u>oito às nove</u>.
2. A discussão do projeto de Brasília vai ser das <u>três e meia às cinco</u>.
3. Das <u>nove às dez</u> Robert vai despachar com a sua secretária.
4. Das <u>cinco em diante</u> Robert vai ler a correspondência.
5. A reunião com o gerente financeiro vai ser <u>das dez às onze e meia</u>.

Números

Nesta Unidade foram dados os números de 51 a 199. No primeiro exercício, com a introdução de ano comercial (cujos meses são todos considerados como de 30 dias) e de ano bissexto, foi antecipada a centena trezentos, tratada na unidade seguinte.

a) Relacione

Um semestre	tem	cento e oitenta dias
O ano comercial	tem	trezentos e sessenta dias
A fábrica	funciona	cinqüenta e duas semanas
A África	tem	cinqüenta e três países
O ano bissexto	tem	trezentos e sessenta e seis dias

b) Complete

quarenta e oito	(48) horas.
cinqüenta e duas	(52) semanas.
noventa	(90) dias.
cento e vinte e um	(121) dias.

C1 Trocando idéias

A proposta, neste item, é levar o aluno a falar sobre sua própria agenda de trabalho no Brasil, explorando os tipos de compromisso, reuniões, horários.

C2 Chegando lá

O aluno deverá ser estimulado a falar sobre a rotina de trabalho em seu país, e sobre a programação de reuniões.

3.3. Unidade 3 - Almoçando com o Diretor

Idéias básicas:

As opções que a cidade oferece, em matéria de restaurantes.
Alimentação (pratos típicos, frutas).

30

Comportamento social ligado a restaurante (como convidar, o que dizer à mesa, agradecer)
São Paulo, a capital brasileira da gastronomia.

A1 Pensando sobre o assunto
Levanta-se a questão do almoço para executivos e das ofertas existentes em matéria de cardápios.
Aluno e professor deverão examinar as frases e conversar sobre elas.

A2 Lendo o texto
O texto " Nossos bons restaurantes" traz a opinião do repórter sobre dois restaurantes que oferecem refeições especiais para executivos, sendo um italiano e outro, brasileiro.
Introdução do item alimentação a partir da análise de cardápios e serviços.
Dificuldades do texto:
* **gramaticais**
  — o uso de haver, impessoal. Há todo tipo.../ onde há refeições...
* **de vocabulário:**
  — nomes dos diferentes pratos apresentados nos cardápios dos restaurantes, como por exemplo:
  — almôndega: bolinho de carne moída, com ovos e temperos, cozido em molho;
  — farofa: farinha torrada ou preparada na gordura, às vezes misturada com ovos, azeitonas, etc.;
  — picanha: parte posterior da região lombar do boi; prato feito com essa carne;
  — manobristas: pessoas encarregadas de receber e estacionar os carros dos clientes.

A3 Voltando ao texto
O primeiro exercício propõe a identificação de frases ou expressões apresentadas em **Pensando sobre o assunto**, para o completo entendimento de **A2**.

a) Escolha, no "Pensando sobre o Assunto", a idéia correspondente a:
1. à la carte
2. comer fora, bem e rapidamente
3. pratos para todos os gostos e de todos os tipos de cozinha
4. almoço para executivos

b) Responda.
Com exceção da questão nº. 3, cuja resposta está no texto dado, as demais dependem, basicamente, da opinião ou vivência do aluno.

Respostas possíveis: 1. É fácil. Há muitos restaurantes perto do escritório.
Não é fácil. Não temos restaurantes perto do escritório.
2. Os cardápios são simples. Aos sábados, os escritórios em geral não funcionam.
3. Resposta rápida: Fixos.
Resposta completa: Em geral, os preços dos almoços comerciais são fixos.
4. Eu almoço todos os dias.
Não. Eu não almoço todos os dias. Gosto de tomar um lanche.
Eu não bebo cerveja. Prefiro suco de frutas.

A4 Dialogando
Aqui são apresentados oito pequenos diálogos, um cardápio completo e uma carta de vinhos.

Intenções de fala:
Convidar para almoçar ou jantar.
Fazer reserva por telefone.
Oferecer aperitivo.
Analisar o cardápio. Fazer o pedido. Expressar satisfação.
Reclamar da conta.
Agradecer o convite.

32

A5 Ampliando o vocabulário

Inicialmente são apresentadas algumas frases sobre alimentação, referentes a preferências, necessidades, frases usadas em restaurantes ou à mesa.

Em seguida, vocabulário referente a **utensílios à mesa** (copos, pratos, talheres) e a **frutas**.

O professor deverá aproveitar o material deste item para conversar com o aluno e fazê-lo falar. Sugere-se a criação de situações para o emprego deste vocabulário. (Situações novas em **A5 a),** para que o aluno use as frases da coluna à direita. A partir do vocabulário de **A5 b),** o aluno poderá pôr a mesa, preparar uma salada, oferecer uma bebida às visitas, declarar suas preferências em matéria de frutas, etc.

a) Relacione.

(17) - Só madura.
(15) - Não, amargo, por favor.
(16) - Uma fatia, por favor.
(9) - Contas separadas, por favor.
(6) - Não, obrigado, não tomo álcool.
(7) - Não, obrigado. Sou vegetariano.
(2) - Vamos pedir uma água mineral.
(8) - À sua!
(3) - Uns dez minutos.
(10) - Dá. Os pratos aqui são grandes.
(11) - Não, senhor. Está reservada.
(13) - Não, sem gelo, por favor.
(4) - Obrigado.
(12) - A gorjeta? Não, senhor.
(14) - Bom apetite!
(1) - Acho um pouco ácido.
(5) - Eu também. Quero um sanduíche bem grande.
(18) - Não, com chocolate.

b) Marque o que é diferente.

O aluno deverá identificar, em cada conjunto, a palavra que não corresponde ao mesmo grupo semântico.

No 1º, referente a bebidas alcoólicas,   (X) refresco.
No 2º, referente a alimentos,   (X) rolha.
No 3º e no 4º, referentes a utensílios
de mesa, respectivamente   (X) vinagre
    (X) adega.

B1 Estudando a língua

Nesta unidade são tratados os seguintes itens:

- Verbos:
  — Presente do Indicativo de **fazer, dizer, preferir, haver** (na forma impessoal)
- Estar com (fome, sede, apetite, frio, etc.)
- A gente
- Demonstrativos (**este, aquele**)
- Possessivos: **seu(s), sua(s), (de você(s))**
- Antes(de), depois (de)
- Números (de **200** a **10.000.000**)

B2 Aplicando o que aprendeu

Fazer

Ele faz bem o trabalho. Eu vou fazer meu relatório amanhã.

1. _faço_ - _faz_
2. _fazem_ - _faz_
3. _fazemos_
4. _faz_
5. _fazem_
6. _fazer_
7. _vai fazer_
8. _fazer_
9. _vão fazer_ - _vou fazer_
10. _fazer_

Dizer

Ele sempre diz boa noite.

1. _digo_ - _vou dizer_
2. _dizemos_
3. _dizem_
4. _dizer_

5. _diz_ - _dizem_   6. _dizem_
7. _diz_   8. _dizem_
9. _diz_   10. _dizer_ - _diz_

Preferir
a) Eu prefiro trabalhar aqui.
1. _prefiro_ - _prefere_   2. _preferimos_ - _preferem_
3. _prefere_   4. _preferem_
5. _prefere_ - _preferem_

b) Faça a pergunta.
1. _O que você prefere_ ?
2. _O que eles preferem_ ?
3. _O que vocês preferem_ ?

Haver
a) Responda com uma frase completa.
1. _Em uma semana há sete dias._
2. _Em um mês há quatro ou cinco semanas._
3. _No ano há doze meses._
4. _No ano há trezentos e sessenta e cinco dias._
5. _No verão há doze semanas._

b) Complete com haver.
Amanhã **vai haver** uma reunião importante.
Sempre **há** reunião às sextas-feiras.
1. _há_   2. _vai haver_   3. _há_
4. _vai haver_   5. _há_

Estar com
Eu quero jantar agora porque eu estou com fome.
1. _estou com sede_   2. _estamos com fome_
3. _estou com frio_   4. _estou com calor_
5. _estão com sono_   6. _estamos com pressa_

A gente

Substitua nós por a gente.
1. A gente pode almoçar agora?
2. A gente não quer trabalhar no sábado. A gente quer ir à praia.
3. A gente acha que a reunião é importante.
4. A gente vai jantar junto amanhã?
5. A gente sempre faz hora extra.

Demonstrativos

Este(s), esta(s), isto Aquele (s), aquelas(s), aquilo
Esta casa é boa, mas **aquele** apartamento no Morumbi é mais confortável.

1. Este - aquela
2. daquele - esta
3. nesta - naquele
4. isto
5. Esta
6. esta
7. isto
8. Este
9. isto
10. Aquela - Aquele

Possessivos

Seu(s), sua(s)
Você gosta de seu chefe?
Complete.
1. seu - sua
2. seu - sua
3. seu
4. seu - seu
5. sua
6. seus

Antes – depois
Antes de – depois de

Ela vai chegar às três, mas a reunião vai começar **antes**.
Na reunião, eu vou falar **antes de** você.
Complete o texto, de acordo com a seqüência do jantar:
Antes do / Depois do / Depois da / depois, / Antes de / antes

36

Números

a) Leia o texto em voz alta.

A feijoada (Livro-Texto, página 40)

Neste texto, o objetivo é a identificação dos numerais e sua leitura correta.

2 ou 3 tipos de lingüiça: .... dois ou três tipos
5 pessoas: .... cinco pessoas
800 gramas: .... oitocentos gramas
750 gramas: .... setecentos e cinqüenta gramas
500 gramas: .... quinhentos gramas
1/2 dúzia: .... meia dúzia (seis)
2 vezes: .... duas vezes
8.511.996,3 km2: .... oito milhões, quinhentos e onze mil, novecentos e noventa e seis quilômetros quadrados e trezentos mil metros quadrados
160.000.000 de habitantes: ... cento e sessenta milhões de habitantes

b) Leia e escreva os números por extenso:

232 _____ duzentos e trinta e dois
252 _____ duzentas e cinqüenta e duas
515 _____ quinhentos e quinze
621 _____ seiscentas e vinte e uma
443 _____ quatrocentas e quarenta e três
1300 _____ mil e trezentas
1700 _____ mil e setecentos
1752 _____ mil setecentos e cinqüenta e dois
2000 _____ duas mil
1001 _____ mil e uma
1932 _____ mil novecentas e trinta e duas
1.897.000 _ um milhão oitocentos e noventa e sete mil
2.550.000 _ dois milhões quinhentos e cinqüenta mil
5.142 _____ cinco mil cento e quarenta e dois

C1 Trocando idéias

Neste item, partindo da afirmação de que São Paulo é considerada a capital brasileira da gastronomia, pretende-se explorar um pouco mais as oportunidades que a cidade oferece em matéria de restaurantes, principalmente sua diversidade.

Pode-se levar o aluno a falar do que já conhece em matéria de restaurantes brasileiros, e de suas preferências gastronômicas. Explorar também as ilustrações referentes à comida árabe, japonesa, italiana.

C2 Chegando lá

Levar o aluno a falar sobre sua cidade, tipos de restaurantes, pratos típicos de seu país, suas preferências pessoais, etc.

3.4. Unidade 4 - Viajando a negócios

Idéias básicas:

Uma viagem de negócios pelo Brasil, apresentando a economia e as características das cinco regiões brasileiras. O potencial econômico do Brasil: interesses do Governo e dos empresários. Compras. Serviços bancários. O potencial turístico do Brasil.

A1 Pensando sobre o assunto

São propostas três idéias: o esforço de investimento industrial nas áreas pobres do país; a ampliação da produção e a busca de novos mercados; investimento das empresas na eficiência.

38

A2 Lendo o texto

Em "Brasília discute novos projetos para a área industrial", apresentam-se, lado a lado, os interesses do Governo e os dos empresários na criação de novos projetos industriais.

Dificuldades do texto:
* **gramaticais:**
  — introdução do verbo discutir. Brasília discute...;
  — Presente Contínuo. Eles estão pedindo.../ ;
  — Plural das palavras em –ão: telecomunicações/ condições/

O texto não apresenta dificuldades específicas de vocabulário. A maioria das palavras é transparente.

A3 Voltando ao texto

As questões propostas admitem respostas rápidas e completas.

1. Resposta rápida: Preocupação com o desenvolvimento das empresas no país.

Resposta completa: O Governo está cada vez mais preocupado com o desenvolvimento das empresas no país.

2. Resposta rápida: Para investir em áreas mais pobres.

Resposta completa: É importante para o Governo investir em áreas mais pobres.

3. Resposta rápida: Para vender mais.

Resposta completa: É importante para as empresas expandir seus mercados, para vender mais.

5. Resposta rápida: Produzir mais, melhor e mais barato.

Resposta completa: As metas de uma empresa moderna são: produzir mais, melhor e mais barato, para um público mais exigente.

A4 Dialogando

Neste item são apresentados cinco diálogos, referentes à viagem de Robert Wiener pelo Brasil, enfatizando o comércio local, os serviços bancários e de hotelaria.

Intenções de fala:
Fazer compras; negociar preços e formas de pagamento; pedir informações; trocar dinheiro; reclamar sobre serviços.

O roteiro de viagem de Robert é ilustrado com o mapa de cada região brasileira, e quadro informativo com dados sobre os Estados, população, área, atividades econômicas. A exploração das ilustrações permite criar outras situações de diálogo.

A5 Ampliando o vocabulário
Frases e expressões referentes a hospedagem e a serviços bancários.
Aqui também há oportunidade de criar pequenos diálogos sobre situações do quotidiano, reforçando a consolidação de vocabulário básico.
Recomenda-se a leitura das sugestões para **A5** à página 12.

B1 Estudando a língua
Os itens gramaticais estudados são:
* Verbos:
  — Presente do Indicativo de **discutir** – 3ª. conjugação
  — Presente Contínuo, com verbos de **1ª**, **2ª** e **3ª** conjugações
  — Pretérito Perfeito do Indicativo de **trabalhar, receber, discutir**
* Emprego de **estar atrasado, estar na hora, estar adiantado**
* Possessivos: **seu**(s), **sua**(s) **dele**(s), **dela**(s)
* Indefinidos: **todo o, toda a, todos os, todas as, tudo**
* Plural - regra geral e casos particulares (palavras em **-m, -r, -z, -s, -l, -ão)**

B2 Aplicando o que aprendeu
Discutir (- ir)
Brasília **discute** novos projetos para a área industrial.

1. _abrem_ - _abrem_ 2. _insiste_ - _desiste_
3. _insisto_ - _desisto_ 4. _discutimos_ - _corrigimos_
5. _parte_ 6. _assistem_
7. _dividir_ - _discutir_

Presente Contínuo
Agora eu estou trabalhando.
a) Complete.
1. _está morando_ - _estão morando_
2. _estou lendo_ - _estou escrevendo_
3. _está discutindo_
4. _estão assistindo_ - _estão conversando_
5. _estamos abrindo_ - _estamos tendo_
   está esfriando

b) Presente Simples ou Presente Contínuo?
Complete, como no exemplo.
Ele sempre **trabalha** rápido, mas hoje
está trabalhando devagar. Ele está com sono.
1. _está fazendo_
2. _funciona_ - _está funcionando_
3. _tem_ - _estão discutindo_
4. _está viajando_ - _viaja_

Pretérito Perfeito
a) Complete, como no exemplo:
(falar) - O que você **falou**?
- Eu? Eu não **falei** nada!
1. _perguntou_ - _perguntei_
2. _respondeu_ - _respondi_
3. _discutiu_ - _discuti_
4. _preparou_ - _preparei_
5. _traduziu_ - _traduzi_

b) Complete.
1. trabalhou - trabalhei
2. esperaram - esperamos
3. pagou - pagaram
4. escreveram - escreveu
5. entendeu - entendi
6. recebeu - recebemos
7. abriu - abriram
8. permitiu - permitimos
9. ofereci - aceitou
10. abriu - entraram

Estar atrasado
Estar na hora
Estar adiantado
Complete, de acordo com o sentido.
1. está atrasada   2. está adiantado
3. está   na hora   4. está adiantado

Possessivos
a) Complete com seu, seus, sua, suas.
1. Suas   2. Seus
3. Sua   4. Seu   5. Seu

b) Substitua seu, sua, seus suas por o, a, os, as... dele, dela, deles, delas.
1. o preço dela
2. Os filhos deles
3. a diária dele

Indefinidos
Complete com todo o, toda a, todos os, todas as, tudo
1. todo o   -   todos os   -   tudo
2. todo   -   tudo
3. todos os   -   Todas as   -   tudo
4. todos os

Singular e Plural

a) Passe para o plural.
1. estes mapas modernos
2. nossos professores brasileiros
3. estes rapazes felizes
4. os homens bons
5. os papéis especiais
6. os pães alemães
7. os faróis dos ônibus

b) Passe para o singular.
1. o hotel francês
2. a palavra fácil
3. o dia útil
4. a mão fria
5. a região quente
6. o lápis azul
7. este amigo gentil

C1 Trocando idéias

Conduzir a conversa para o problema da criação de empregos e do aumento da renda da população. Trocar idéias sobre o potencial do turismo, neste sentido.

Todas as regiões brasileiras são ricas em atrações turísticas: praias, selva, reservas ecológicas, grandes rios, cidades históricas... Mas para desenvolver o turismo, é preciso investir em transportes, telecomunicações e, naturalmente, em hotelaria.

Explorar o conhecimento que o aluno já tenha desses problemas.

C2 Chegando lá

Levar o aluno a expressar-se sobre seu país: principais riquezas, atividades econômicas mais importantes, turismo.

3.5. Unidade 5 - Procurando casa

Idéias básicas:
A questão de moradia.
As ofertas imobiliárias, a escolha do imóvel mais conveniente, do bairro etc.
O contrato de locação.
A casa – suas dependências, móveis.
Os problemas de moradia nos grandes centros urbanos.

A1 Pensando sobre o assunto

Antecipando o assunto do texto, procurar questionar as ofertas de imóveis, a escolha entre casa e apartamento. A vida em condomínio. As vantagens dos condomínios fechados.

A2 Lendo o texto

O texto "Imóveis: a melhor escolha" aborda as exigências atuais do mercado imobiliário. Levanta o problema das novas tecnologias de construção e a necessidade também de novas técnicas de venda.

Dificuldades do texto:
- gramaticais:
  — Emprego de ter de = precisar;
  — Comparativo. ... os preços são mais baixos...
- de vocabulário:
  — ofertas tentadoras: que despertam a vontade de comprar;
  — anúncios sofisticados: mensagens bem feitas, atraentes;
  — periferia: região mais afastada do centro da cidade, em geral sem os recursos básicos de infra-estrutura.

O professor deverá proceder como sugerido em **A2**, à página 10.

A3 Voltando ao texto

As questões do item a) permitem respostas rápidas e respostas completas.

1. R. rápida: Cada vez mais sofisticados.
   R. completa: Os anúncios de imóveis são cada vez mais sofisticados.
2. R. rápida: Aumentaram.
   R. completa: As ofertas aumentaram. Um comprador exigente tem escolha entre apartamentos com área de lazer, segurança na portaria ou grandes casas com piscina, em bairros elegantes.
3. R. rápida: Escolher bairros mais populares.
   R. completa: Um comprador com pouco dinheiro tem de escolher bairros mais populares, na periferia.
4. R. rápida: Dinheiro.
   R. completa: Para comprar um bom apartamento, num bom bairro, você precisa ter dinheiro.

As questões 1 e 2 do item b) são abertas. Podem ter mais de uma resposta. Respostas possíveis:

1. Sem luxo, sem grandes recursos.
Existem condomínios fechados, com áreas de lazer e segurança.

2. Não. Há muita publicidade enganosa.
Algumas vezes, a descrição do imóvel corresponde à realidade.

A questão 3 é fechada. Depende somente da compreensão do texto dado. Mas as alternativas propostas permitem discutir outros aspectos, por exemplo, a importância das áreas de lazer.

3. Um prédio residencial " inteligente" é aquele que tem :
(X) sistema automatizado   ( ) grandes áreas
       de segurança   vazias

( ) luminosidade
(X) funcionamento econômico
(X) distribuição racional
    do espaço
( ) área social

( ) muitos empregados
(X) portaria informatizada
( ) área de lazer

(X) interfone
    nos elevadores

A4 Dialogando

Os diálogos giram em torno da escolha de um imóvel para alugar (casa ou apartamento?), das ofertas imobiliárias, das condições dos imóveis, dos problemas com os contratos de locação.
O professor deverá proceder como sugerido em **A4**, Página 11.

Intenções de fala:

Justificar preferências por determinado tipo de imóvel.
Descrever imóveis, nomeando suas dependências e definindo sua localização.
Expressar agrado ou desagrado.
A apresentação da planta de uma casa de dois andares, com identificação das dependências e de alguns móveis (Página 62 do Livro-Texto) facilita a compreensão e a aquisição do vocabulário específico.

A5 Ampliando o vocabulário

São propostas situações referentes a apartamentos e à vida em condomínio.
O primeiro exercício, de leitura de um anúncio, tem por objetivo a identificação de palavras normalmente abreviadas nos anúncios:

apto. – apartamento; and. – andar; gde. – grande; lav. – lavabo; c/ arm. emb. – com armário embutido e assim por diante. O professor poderá trabalhar com mais anúncios do mesmo tipo. Deverá proceder como sugerido em **A5**, Página 12.

Relacione.

a) Num prédio de apartamento
(7) a campainha
(4) pelo interfone
(3) pelo elevador de serviço
(1) a taxa de condomínio
(2) o elevador social
(6) um fiador
(5) o aluguel

b) Numa casa
(5) está queimada
(2) é externa
(4) geralmente é fechada
(1) cercam o jardim e o quintal
(3) são sólidas

B1 Estudando a língua

Nesta unidade são estudados os seguintes itens gramaticais:
- Verbos: - Pretérito Perfeito do Indicativo de **ser, estar, ter, ir, fazer**
- Comparativo
- Preposições de lugar
- Preposição **por**
- Uso de **ter de** / **ter que** = **precisar**
- Expressões de tempo: **há   daqui a   acabar de**

B2 Aplicando o que aprendeu
Pretérito Perfeito do Indicativo
ser, estar, ter, ir e fazer.

a) Complete.

Ir
1. <u>foram</u> - <u>fomos</u> - <u>foi</u> - <u>foram</u>
2. <u>foi</u> - <u>fui</u> - <u>foi</u> - <u>foi</u>
3. <u>foram</u> - <u>foi</u> - <u>foi</u>

Ter
1. <u>tive</u> - <u>teve</u>   2. <u>tiveram</u> - <u>tivemos</u> - <u>teve</u>
3. <u>tiveram</u>   4. <u>teve</u>

Ser
1. <u>foi</u> - <u>fui</u> - <u>fui</u>   2. <u>foram</u> - <u>foi</u> - <u>foi</u>
3. <u>foi</u> - <u>foram</u>   4. <u>foram</u> - <u>foi</u> - <u>fomos</u>

Estar
1. <u>esteve</u> - <u>estive</u> - <u>estiveram</u> - <u>estivemos</u>
2. <u>esteve</u> - <u>esteve</u> - <u>esteve</u> - <u>esteve</u> - <u>estivemos</u>
3. <u>estiveram</u>

Fazer
1. <u>fez</u> - <u>fiz</u>   2. <u>fizeram</u> - <u>fizemos</u>
3. <u>fez</u> - <u>fizeram</u> - <u>fez</u>   4. <u>fez</u> - <u>fiz</u> - <u>fez</u>

b) Complete o texto.

<u>tivemos</u>	<u>foi</u>	<u>esteve</u>	<u>fazendo</u>
<u>fiz</u>	<u>fizeram</u>	<u>foi</u>	<u>fazer</u>

Comparativo

a) Complete o texto.

Achei esta casa muito boa.

Ela é <u>mais moderna do que</u> / <u>maior que</u> / <u>menos caras do que</u> / <u>melhores</u> / <u>moderna quanto</u> / <u>tão razoável</u>

b) Faça frases, usando o comparativo, como no exemplo: Rio Brasília bonito ↑

O Rio é **mais bonito do que** Brasília.

1. <u>Morar no centro é melhor do que morar num bairro residencial.</u>

2. O inverno no Brasil é menos frio do que o inverno na Europa.
3. Janeiro é mais longo do que fevereiro.
4. Julho é tão comprido quanto agosto.
5. Novembro é menos comprido do que dezembro.
7. Este contrato é pior do que o outro contrato.
8. O trânsito em São Paulo é tão ruim quanto o trânsito no Rio.

Preposições de lugar

Observe a figura e responda.
1. O sofá está em frente da mesa.
2. A cadeira está perto da janela.
3. O vaso de planta está perto da poltrona. A planta está dentro do vaso.
4. A televisão está na frente do sofá.
5. O quadro está em cima do sofá.
6. O tapete está embaixo da mesa.
7. A poltrona está perto da porta.
8. A almofada está /em cima do sofá / (sobre o sofá).

Por

Complete com por ou pelo, pela, pelos, pelas.
1. por   2. pelo   3. pelo
4. por - por - pelo - pela / pelas / pelo
5. por

Ter de   (= precisar)
Complete com ter de ou precisar.
Ontem foi um dia difícil tivemos de - precisou - teve de.

Há - daqui a
Complete, de acordo com o sentido.
Meu nome é José Luís...
    há   Há   há   Daqui a   daqui a .

Acabar de

Responda, como no exemplo.
Por que você não quer jantar agora?
(comer um sanduíche) Porque acabei de comer um sanduíche.
1. Não, ele acabou de sair.
2. Eu acabei de tomar uma coca.
3. Não, eu acabei de assinar um contrato de locação.
4. Ele acabou de chegar.
5. O dono acabou de fazer uma grande reforma.
6. Porque eu acabei de achar uma casa excelente para alugar.

C1 Trocando idéias

Objetivo: ampliar a discussão sobre o problema de moradia nos grandes centros urbanos. A questão dos condomínios fechados e os problemas de segurança.
As preferências do aluno em matéria de moradia.

C2 Chegando lá

Levar o aluno a falar sobre o mercado imobiliário em seu país. Os problemas e soluções para a questão de moradia. A política habitacional.

3.6. Unidade 6 -Conhecendo a cidade

Idéias básicas:
Nesta unidade a " personagem" central é a cidade: localização, trânsito, serviços, meios de transporte, qualidade de vida.
Condições para que uma cidade se torne um pólo industrial.

A1 Pensando sobre o assunto

Campinas foi a cidade escolhida para a instalação da Telecomsat no Brasil.

A partir do texto de **A1**, o professor poderá conversar com o aluno sobre a infra-estrutura oferecida por Campinas e por outras cidades grandes. Se a empresa em que o aluno trabalha for multinacional, poderá perguntar-lhe por que ela se instalou aqui, no México, na China...

A2 Lendo o texto

O texto "Campinas: com o pé direito no 3° Milênio", além de oferecer informações sobre as condições econômicas e culturais da cidade, permite a exploração do significado de algumas expressões tais como:

— entrar com o pé direito/com o pé esquerdo: começar bem/mal;

— entrar bem: sair-se mal;

— tecnologia de ponta: tecnologia avançada, moderna;

— localização privilegiada: ótima, excelente;

— potencial de consumo: capacidade virtual de consumo;

— capacidade empreendedora: capacidade de realização, de execução.

Dificuldades gramaticais:

— Pretérito Perfeito do Indicativo de querer, poder: Tem agora o que sempre quis.../ Campinas pôde preservar...

Para desenvolver este passo, o professor deverá proceder como sugerido em **A2**, página 10.

A3 Voltando ao texto

a) Certo ou errado?

Exercício de compreensão de texto, pela simples identificação de afirmações falsas ou verdadeiras sobre Campinas, de acordo com o texto dado.

1. E   2. E   3. C   4. C   5. E.

b) Responda.
As questões permitem respostas rápidas e completas.
1. R. rápida: 5,6 bilhões de dólares por ano.
   R. completa: O potencial de consumo da população
                   de Campinas é alto: 5 bilhões e
                   seiscentos milhões de dólares por ano.
2. R. rápida: Localização privilegiada; alto potencial de
                   consumo; mão-de-obra qualificada etc.
   R. completa: Campinas está entre as dez melhores
                   cidades brasileiras, em matéria de
                   negócios, porque tem a seu favor:
                   proximidade com a capital; alto potencial
                   de consumo; disponibilidade de mão-de-
                   obra qualificada; centros tecnológicos e
                   universidades; distrito industrial completo;
                   agricultura altamente mecanizada.
3. Na sua opinião, o que pode atrair mais um executivo, em
   Campinas?
Questão aberta, possibilitando vários tipos de respostas:
Mão-de-obra qualificada.
Alto potencial de consumo.
Centros tecnológicos e universidades.
Distrito industrial completo, etc.

A4 Dialogando

Os diálogos desta unidade exploram situações relativas à
locomoção na cidade, meios de chegar a um destino, etc. O
professor deverá proceder como sugerido em **A4**, página 11.

Intenções de fala:
Indicar localização na cidade.
Descrever a forma de chegar a um destino.
Expor problemas.
Pedir desculpas por não poder ajudar.
Pedir informações; ensinar trajetos.

A5 Ampliando o vocabulário

Apresenta frases e expressões relativas a situações

diversas no trânsito: o semáforo nos cruzamentos; os principais sinais de trânsito; expressões específicas tais como: engarrafamento, multa, estacionar em fila dupla, dar/pedir carona; acidente, fazer boletim de ocorrência, etc. Sinais de orientação espacial: os pontos cardeais. O professor deverá proceder como sugerido em **A5**, Página 12.

B1 Estudando a língua

Apresentação dos seguintes itens gramaticais:

- Verbos:
  — Pretérito Perfeito do Indicativo de **haver, dizer, querer, poder**
  — Presente e Pretérito Perfeito do Indicativo de **dar** e **ver**
- Formação do imperativo. Exceções: verbos **ser, estar, ir, dar**
- Imperativo: mudanças ortográficas – **chegar, começar, ficar descer, dirigir, seguir**
- Superlativo
- Masculino e feminino – substantivo e adjetivos
- Numerais ordinais: de **primeiro** a **milionésimo**

B2 Aplicando o que aprendeu

Querer
Eu sempre **quis** conhecer o Bosque dos Jequitibás, em Campinas.

1. quiseram   2. quisemos - quiseram.
3. quis - quis   4. quis   5. quiseram

Querer/Poder
Eles **quiseram** viajar de avião, mas não **puderam.** Chegaram atrasados.

1. quis - pude   2. quiseram - puderam
3. quisemos - pudemos   4. quis - pôde
5. quiseram - puderam

Dizer
- **O que você** disse? - **Eu? Eu não** disse **nada.**
1. disse   2. disseram - disseram
3. disse - disse   4. disse   5. dissemos

Haver
Ontem, no cinema, não houve **fila para entrar.**
1. houve   2. houve - houve
3. Houve   4. houve
5. Houve   6. houve

Dar
a) Passe para o pretérito perfeito.
1. O turismo da região deu lucro.
2. Os ônibus deram muitas voltas antes de chegar lá.
3. Nós demos ordens, mas ninguém obedeceu.
4. Eu dei o que pude.
5. Vocês não deram tudo o que prometeram.

b) Passe para o presente.
1. Os jogadores dão muita dor de cabeça ao treinador.
2. Você dá férias à sua secretária?
3. Hoje nós não damos aula.
4. Eu dou uma olhada no relatório.
5. O consultor dá boas sugestões para melhorar a produção.

Ver
a) Passe para o pretérito perfeito.
1. Eles viram com otimismo a mudança para o centro.
2. Você só viu o que quis!
3. Eu não vi nenhum problema.
4. Da nossa sala nós vimos o prédio da Prefeitura.
5. Ele viu os clientes na quarta-feira.

b) Passe para o presente.

1. Eles não vêem os anúncios de casas, só de apartamentos.
2. Vocês vêem o diretor? Não, não vemos.
3. Eu vejo todos os espetáculos do Teatro Municipal.
4. Do lugar dele, ele não vê nada!
5. Ela vê tudo com tranqüilidade.

Imperativo

Complete.

1. Trabalhem
2. Mande
3. Coma
4. bebam
5. discuta
6. insistam
7. diga
8. faça
9. vejam
10. dê

Superlativo

a) Diga de outro modo.

1. Este carro é moderníssimo.
2. Não entendo. Este restaurante é caríssimo, mas está sempre cheíssimo.
3. Comprei uma ótima casa.
4. Não vou sair hoje. O tempo está péssimo.
5. Às 6 horas da tarde, o trânsito é complicadíssimo. Às 6 da manhã, é rapidíssimo.
6. Temos um chefe competentíssimo.

b) Faça frases, seguindo o exemplo dado.

Nova York – importante – Estados Unidos
Nova York é a cidade mais importante dos Estados Unidos.

1. O inverno é a estação mais fria do ano.
2. Fevereiro é o mês mais curto do ano.
3. Bill Gates é o homem mais rico do mundo.
4. Amazonas é o maior estado do Brasil.
5. Paris é a cidade mais bonita da França.

6. O inglês é a língua mais falada no mundo.
7. Esta rua é a mais movimentada da cidade.
8. Esta loja é a menor do shopping center.
9. Esta cidade tem o pior trânsito do mundo.
10. Hoje é o melhor dia de minha vida.

Masculino – feminino

a) Complete com um, uma mais adjetivos.
1. Um dia comprido
2. Uma casa confortável
3. Uma professora interessante
4. Um mapa completo
5. Um certificado importante
6. Uma lua branca
7. Um esquema simples

b) Complete com este, esta, estes, estas mais adjetivos.
1. Esta escola alemã
2. Estas fotos bonitas
3. Este guia bom
4. Este idioma difícil
5. Estas empresas nacionais
6. Estas cidades novas
7. Este sofá velho

c) Complete com seu, sua, seus, suas mais adjetivos.
1. Seu problema antigo
2. Suas professoras inglesas
3. Seu programa favorito
4. Sua história ruim
5. Suas idéias diferentes
6. Suas amigas espanholas
7. Suas roupas boas

Numerais Ordinais

Escreva por extenso.

1. A primeira semana do mês
2. O quinto dia útil
3. O trigésimo primeiro andar do hotel
4. A vigésima quarta hora
5. Repetindo pela centésima vez
6. O milésimo gol de Pelé
7. O Décimo Quarto Congresso de Vendas

C1 Trocando idéias

O professor deve levar o aluno a refletir e discutir um pouco mais os motivos que levam uma empresa, nacional ou multinacional, a instalar-se em determinadas cidades, muitas vezes distantes de grandes capitais.

Partindo das condições oferecidas pela cidade de Campinas, discutir problemas como acesso, infra-estrutura básica, mão-de-obra qualificada, recursos educacionais.

O tema já foi desenvolvido na **Unidade 5**. O professor poderá enriquecê-lo agora, conversando com o aluno sobre as condições oferecidas pela cidade às pessoas que nela trabalham, sua qualidade de vida.

C2 Chegando lá.

Estimular o aluno a expor suas idéias sobre as cidades, os grandes centros, comparando a situação de seu país à situação do Brasil.

O que o aluno considera uma cidade grande? O tema permite conversas interessantes, dado que na Europa, por exemplo, as "cidades grandes", em termos brasileiros, são pequenas.

3.7. Unidade 7 - Saindo do flat

Idéias básicas:
Mudança para a casa nova: preparativos, imprevistos, problemas.
O bairro: comércio e serviços.

A1 Pensando sobre o assunto

Antecipando o texto, orientar a reflexão sobre o que é preciso para enfrentar com tranqüilidade uma mudança. O professor deverá analisar com o aluno, um a um, os textos nos balões.

A2 Lendo o texto

Redigido na forma de informe publicitário, o texto propõe "Os passos certos para uma boa mudança".
Dificuldades do texto:

- **gramaticais:**
  — Emprego de levar/trazer: Mudanças trazem problemas/ Não leve...
  — Introdução do verbo pôr: ... você vai saber pôr...
- **de vocabulário:**
  — Inutilidades só atrapalham: coisas desnecessárias só causam embaraço, perturbam.

O professor deverá proceder como sugerido em **A2**, página 10.

A3 Voltando ao texto

a) Responda.
As questões propostas admitem respostas rápidas e completas.

1. R. rápida: Pensar antes de agir.
   R. completa: "Usar a cabeça" significa pensar direito, refletir.
2. R. rápida: Contratar uma boa empresa; selecionar o que levar.

R. completa: As etapas são: em primeiro lugar, contratar uma boa empresa: segundo, selecionar o que levar para a casa nova; deixar de lado objetos ou móveis inúteis.

3. R. rápida: A véspera.

R. completa: O momento de maior trabalho é a véspera da mudança, sua preparação.

b) Complete o vocabulário e depois as frases.
Depois de identificar os substantivos pedidos, utilizá-los para completar as frases dadas.

1. _inutilidade_   2. _lar_
3. _no dia anterior_   4. _mudança_

A4 Dialogando

Os diálogos apresentados exploram as situações enfrentadas por Robert e sua mulher, Mônica, com a mudança para a casa definitiva: os preparativos, os imprevistos, dificuldades de colocar tudo em ordem.
O professor deve proceder como indicado em **A4**, página 11.

Intenções de fala:
Descrever com precisão atos no passado.
Pedir informações sobre a localização do comércio e serviços do bairro.

A5 Ampliando o vocabulário

Vocabulário referente a áreas e bairros da cidade, seu comércio e principais serviços.
Apresentação das principais formas dos objetos: quadrado, retangular, redondo, oval.
Exercícios de identificação de formas, relacionando formas e objetos. Proceder como sugerido em **A5**, página 12.

a) Relacione a palavra com a figura
(4)　　　(2)　　　(5)　　　(3)　　　(1)

b) Dê a forma:
 redonda / quadrado / triangular / oval / retangular

B1 Estudando a língua
• **Verbos:**
　— Presente e Pretérito Perfeito do Indicativo dos verbos
　　irregulares **trazer, ler, vir, sair, pôr**
　— Ir e Vir/ Levar e Trazer - emprego
• Pronomes pessoais: **o(s), a(s), lo(s), la(s)**
• Diminutivo: formação e emprego
• Expressões de tempo: **ontem** (um dia antes, na véspera,
  no dia anterior), **hoje** (neste dia, nesta noite), **amanhã**
  (no dia seguinte, um dia depois).

B2 Aplicando o que aprendeu
Ler
a) Passe para o pretérito perfeito.
1. Mônica leu o regulamento da escola.
2. As crianças leram histórias em quadrinhos.
3. Eu li o jornal todos os dias.
4. Nós sempre lemos os anúncios dos jornais.
5. Você sempre leu em voz alta?

b) Passe para o presente do indicativo.
1. Vocês lêem a seção de esportes?
2. Lemos, lemos e não entendemos nada!
3. Eu não leio a correspondência.
4. Robert sempre lê muito.
5. Nosso chefe não lê o relatório.

Pôr
Complete as frases, com o tempo adequado do verbo.
1. _pôs_   2. _puseram_ 3. _põe_   4. _pus_
5. _põe_   6. _pomos_   7. _ponho_
8. _puseram_ - _pusemos_

Sair
Complete as frases, com o tempo adequado do verbo.
1. _saem_   2. _sai_ - _saem_   3. _saímos_
4. _saio_   5. _saíram_ - _saí_ 6. _sai_ - _sai_
7. _saiu_   8. _saem_ - _saímos_

Ir e Vir/Levar e Trazer
a) Ir ou vir?
1. _vem_   2. _foi_   3. _ir_   4. _vem_
5. _ir_   6. _fomos_ - _vieram_ .

b) Levar ou trazer?
1. _levar_   2. _trouxe_   3. _levar_
4. _trazem_ - _levam_
5. _leva_ - _traz_   6. _traga_

c) Ir ou vir? Levar ou trazer?
1. _trouxe_   2. _levar_   3. _virei_ - _trarei_
4. _foi_ - _levou_   5. _vim_ - _trouxe_

d) Ao telefone:
trazer   _levar_   _trazer_

Diminutivo
a) Dê o diminutivo das palavras abaixo.
1. _jardinzinho_   2. _hotelzinho_
3. _quartinho_   4. _aviãozinho_

5. trenzinho	6. pertinho
7. novinho	8. chefinho
9. diretorzinho	10. secretariazinha
11. curtinho	12. horinha
13. chazinho	14. jantarzinho
15. jornalzinho	16. ideiazinha
17. diazinho	18. boizinho
19. Joãozinho	20. Luisinha

b) Passe para o diminutivo e indique seu sentido.
(objeto pequeno, carinho, ênfase, desprezo ou uso típico da língua)
1. mesinha: objeto pequeno; cadeirinha: objeto pequeno
2. sofazinho: ênfase
3. aninho: desprezo
4. ruazinha: ênfase; parquinho; novinha; ênfase
5. Tudinho: ênfase
6. contratinho: desprezo
7. rapidinho: uso típico da língua
8. solzinho: uso típico da língua

C1 Trocando idéias
A intenção é conversar sobre os problemas relacionados à mudança, especialmente quando se trata de mudança de um país para outro, abordando novos aspectos.
As providências necessárias quanto à mobília, quando se sai de casa para apartamento, por exemplo.

C2 Chegando lá
Levar o aluno a falar sobre suas experiências em matéria de mudança: de casa, de bairro ou cidade, de país.
É fácil ou complicado? Como o aluno preparou sua mudança.

3.8. Unidade 8 - Cuidando do corpo e da mente

Idéias básicas:
Corpo e saúde: descrição física, doenças, dietas, ginástica. Importância de investir na saúde do corpo e da mente para se ter um bom desempenho profissional e preservar a qualidade de vida.
O estresse, a saúde, a produtividade.
Convênios médicos.

A1 Pensando sobre o assunto
A partir das manchetes apresentadas, conversar sobre os problemas que as pessoas enfrentam, hoje, em decorrência do estresse no trabalho. O que as empresas têm feito para enfrentar esse problema.
Proceder como sugerido em **A1**, página 9.

A2 Lendo o texto
O texto "Telecomsat investe na qualidade de vida de seus funcionários", além de abordar o problema qualidade de vida e produtividade, dá também oportunidade de discutir o papel da área de Recursos Humanos numa empresa.
Dificuldades do texto:
* **gramaticais:**
  — Pretérito Imperfeito do Indicativo: ... apresentavam queda de produtividade.../ não lhes sobrava tempo.../ estavam estressados, etc.
* **de vocabulário:**
  — quadros de chefia: executivos, gerentes e diretores de uma empresa.

Proceder como sugerido em **A2**, página 10.

63

A3 Voltando ao texto

a) Responda.

As questões admitem respostas rápidas e completas.
1. R. rápida.: Muito intenso.
R. completa: A instalação da fábrica exigiu um trabalho muito intenso dos funcionários.
2. R. rápida: O estresse./ Falta de tempo para descanso e lazer.
R. completa : A causa da queda de produtividade foi o estresse dos funcionários.
3. R. rápida: A criatividade.
R. completa: O principal capital de países e empresas que buscam bons resultados é a criatividade de seus funcionários.
4. Questão aberta. Respostas possíveis:
O lazer é importante.
As pessoas produzem mais, quando estão menos tensas ou cansadas.
Pessoas tranqüilas e alegres produzem mais.
O lazer permite relaxar e evitar o estresse.

b) Escolha, no texto, as palavras ou expressões que correspondem às seguintes idéias.
1. quadros de chefia   2. queda de produtividade
3. estressado   4. estratégia

A4 Dialogando

Os diálogos desta unidade apresentam situações relacionadas às características físicas das pessoas, cuidados com a saúde, consultas médicas.
Proceda como sugerido em **A4**, página 11.
Intenções de fala:
Descrever pessoas, dando suas características físicas.
Descrever hábitos no passado.
Dar conselhos.

64

A5 Ampliando o vocabulário

Vocabulário referente ao corpo humano, características físicas (substantivos e adjetivos); indisposições do dia-a-dia; seu tratamento.

Foram incluídas várias expressões com *estar, estar com, estar com dor de(em)* relativas a indisposições, como: *estar gripado, estar com dor de garganta, estar com dor nas costas*, etc.

O aluno deverá usar este vocabulário em situações organizadas pelo professor. Poderá, por exemplo, no que se refere ao corpo humano (páginas 124, 125 do Livro-Texto), comparar duas pessoas famosas e fisicamente muito diferentes. Poderá, também, descrever fisicamente seu melhor amigo, seu chefe, um vizinho, etc. Pequenos diálogos poderão ser criados para aplicação das expressões e palavras à página 126 do Livro-Texto.

B1 Estudando a língua

Sistematização dos seguintes itens gramaticais:

- **Verbos:**
  - — Pretérito Imperfeito do Indicativo dos verbos regulares de **1ª.**, **2ª.** e **3ª.** conjugações: formação e emprego
  - — Pretérito Imperfeito do Indicativo de **ser, ter, pôr, vir**
- Pronomes oblíquos: **me, lhe, nos, lhes**
- Verbos pronominais, reflexivos e recíprocos

B2 Aplicando o que aprendeu

Pretérito Imperfeito do Indicativo

a) Complete a frase com o verbo no Imperfeito. Depois, indique o caso.

1. _trabalhavam_ - _tinham_ - _eram_   (1)
2. _havia_ - _ficava_ - _lia_ - _ouvia_   (2)
3. _íamos_ - _íamos_   (3)
4. _falávamos_   (3)
5. _íamos_   (5)
6. _descansavam_ - _viajávamos_   (4)

7. estava   (2)
8. era   (2)
9. conversava - fazíamos (4)
10. telefonava   (3)

b) Complete com o Imperfeito do Indicativo.
Antigamente nossa cidade era - havia / era - podia

Pretérito Perfeito ou Imperfeito?

a) Complete com o verbo no tempo adequado.
Exemplo:(entrar –estar) Ontem entrei na sua sala, mas você não estava lá.
1. chamou - fui - estava - era
2. tentou - estava
3. entrou - estava - viu / estava
4. fez - era .
5. leu - disse - estava - despediu-se

b) Leia o texto. (Livro-Texto, página 130)

c) Reescreva o texto. Comece assim:
Ontem foi uma 3ª.-feira diferente. **Era** feriado...A família estava no clube e ia passar o dia lá. O dia estava bonito. Eles iam almoçar no restaurante perto da piscina. O restaurante já estava aberto. A comida era boa e não era cara. Eles sempre almoçavam lá. Mas a alegria ia durar pouco. De repente, o sol desapareceu e começou a ventar, levantando pó. O vento era frio. Logo começou a chover. Que pena! Eles decidiram voltar para casa mais cedo. Com certeza, iam passar o resto do feriado sentados no sofá, vendo televisão. Coitados!

Me – lhe – nos – lhes

a) Substitua as palavras grifadas pelo pronome correspondente.

Exemplo: Ele mostrou a cidade **para ela.**
Ele **lhe** mostrou a cidade.

1. <u>Ninguém me explicou o problema.</u>
2. <u>Quem vai nos fazer um café?</u>
3. <u>Eu já lhe expliquei a situação.</u>
4. <u>Ninguém pode dar-lhe um minuto de atenção?</u>
5. <u>Não diga! O chefe lhes deu mais trabalho? Coitados!</u>

b) Complete com me, lhe, nos, lhes, conforme o caso.

1. <u>nos</u>   2. <u>me</u>   3. <u>lhe</u> - <u>me</u>
4. <u>lhe</u>   5. <u>lhes</u>

Verbos pronominais

a) Conjugue os verbos dados, nos tempos pedidos.

1. <u>Sentar – se</u>, no Presente do Indicativo
Eu me sento
Você <u>se senta</u>
Nós <u>nos sentamos</u>
Vocês <u>se sentam</u>

2. <u>Cansar-se</u>, no Pretérito Imperfeito do Indicativo
Eu <u>me cansava</u>
Ela <u>se cansava</u>
Nós <u>nos cansávamos</u>
Elas <u>se cansavam</u>

b) Complete com o pronome adequado.

1. <u>se</u>   2. <u>me</u>   3. <u>se</u>
4. <u>se</u>   5. <u>nos</u> - <u>nos</u>   6. <u>se</u>
7. <u>se</u>   8. <u>me</u>   9. <u>se</u>
10. <u>me</u>   11. <u>nos</u>   12. <u>nos</u>

C1 Trocando idéias

A intenção é conversar sobre o estresse no nosso dia-a-dia, levantando suas várias causas: medo da violência, da inflação, de perder o emprego; dificuldades de relacionamento com o chefe ou com os colegas, dores de cotovelo, disputas domésticas.
Levar o aluno a falar sobre o seu dia-a-dia no trabalho.

C2 Chegando lá

Estimular o aluno a expor suas idéias sobre qualidade de vida, planos de saúde e convênios médicos, relacionando a situação no Brasil e em seu país.

3.9. Unidade 9 - Batendo bola

Idéias básicas:

Os esportes no Brasil: futebol, automobilismo, tênis, basquete, vôlei, natação, atletismo.
A importância do esporte na vida dos brasileiros.
Os ídolos brasileiros.

A1 Pensando sobre o assunto

Conquistas e mitos no mundo dos esportes.
Atletas já consagrados e novas lideranças.
Aproveitando as ilustrações referentes aos atletas brasileiros, o professor poderá conversar com o aluno sobre eles: quais ele conhece, que modalidades esportivas representam. Poderá também perguntar sobre o gosto do aluno por esportes, se pratica alguma dessas modalidades, antecipando algumas questões levantadas em **C2**.

A2 Lendo o texto

Em " Os desafios do esporte no século XXI" é abordada a questão dos limites físicos do homem, sua evolução biológica e a quebra de recordes nos Jogos Olímpicos.

Dificuldades do texto:
- **gramaticais**: Futuro do Presente do Indicativo
  — serão desafiadas; - passa a ser
- **de vocabulário:**
  — introduzir, antes da leitura, o nome de outras modalidades esportivas: natação (nadador), salto (saltador), lance (lançador), corrida (corredor);
  — explicar "desempenho esportivo", transpor - transponível - intransponível.

A3 Voltando ao texto
Responda.
Todas as questões admitem respostas rápidas e completas.

1. R. rápida :   Os limites físicos do homem.
   R. completa :   A principal questão dos Jogos Olímpicos, atualmente, são os limites físicos do homem. A cada Olimpíada, um recorde é quebrado.

2. R. rápida: A superação dos limites biológicos do homem.
   R. completa :   A relação entre esporte e ciência está na busca de superação dos limites físicos do homem.

3. R. rápida: A quebra de recordes. A evolução da raça humana.
   R. completa: A meta dos esportistas é a quebra de recordes, a superação de marcas já alcançadas. A meta dos cientistas é a evolução biológica do ser humano.

4. R. rápida: No atletismo.
   R. completa: O Brasil conseguiu até agora os melhores resultados no atletismo.

5. R. rápida: O feito dos tricampeões Senna, Piquet e Fittipaldi.
   R. completa :   A importância da Fórmula 1 para os brasileiros é a conquista de Senna, Piquet e Fittipaldi, tricampeões.

A4 Dialogando

Os diálogos apresentados nesta unidade falam da paixão dos brasileiros pelo futebol e de seus ídolos: Pelé, Garrincha. Falam de Senna e de Maria Esther Bueno, campeões consagrados nas modalidades que representam: automobilismo e tênis. Falam também de outros esportes populares, como vôlei e basquete.

Na exploração dos diálogos, o professor poderá estimular o aluno a falar sobre o que sabe sobre esses esportistas e sobre os outros esportes citados, aprofundando o assunto de **A1**.

Intenções de fala:
Expressar desejos.
Descrever fatos ocorridos em passado anterior.

A5 Ampliando o vocabulário

Apresentação dos grandes clubes e times de futebol.
Os campeonatos e o papel das torcidas.
As situações de jogo e resultados.
Recomenda-se a leitura das sugestões para **A5**, à página 12, lembrando que aqui também o professor poderá explorar as ilustrações, levando o aluno a falar de seu time preferido, dos últimos jogos e resultados.

B1 Estudando a língua

- Verbos: - Formação do Futuro do Presente do Indicativo dos seguintes verbos regulares e irregulares: **trabalhar, responder, partir, poder, fazer, dizer, trazer.**
  — Formação do Futuro do Pretérito do Indicativo dos mesmos verbos.
  — Formação do Mais-que-perfeito Composto do Indicativo de **trabalhar, responder, partir, poder**.
  — Formação do particípio passado dos verbos das três conjugações.
  — Particípios irregulares: **ganhar, gastar, pagar, dizer, fazer escrever, ver, abrir, cobrir, vir** e **pôr.**

— **Sentir**: Presente do Indicativo. Como sentir: vestir, servir, repetir, divertir, mentir, preferir.

• Preposição mais pronome: **mim, comigo, conosco.**

B2 Aplicando o que aprendeu
Futuro do Presente do Indicativo
Faça como no exemplo.
Não vou falar com ele.
Não falarei com ele.
1. Conheceremos o clube amanhã.
2. Jogarei futebol com o grupo do escritório.
3. Ela trará amigos para jogar pôquer.
4. Eles terão muito trabalho nos próximos dias.
5. As pessoas que se inscreveram serão chamadas em ordem alfabética.
6. Ninguém poderá nadar nessa piscina.
7. Não sei quem fará plantão amanhã.
8. Os rapazes organizarão os times de vôlei de praia.
9. Afinal, o que ele dirá? Como julgará o caso?
10. A firma escolherá o plano de saúde mais completo.

Futuro do Pretérito do Indicativo
a) Leia o texto.
A festa (Livro-Texto, página 144)

b) Agora, passe o texto para o passado. Comece assim:
Todos se comprometeram a dividir os gastos da festa.
Um grupo traria as bebidas. Três ou quatro pessoas comprariam os salgados. Outro grupo se responsabilizaria pelos doces. João faria a instalação do som. Maria Clara cederia a casa e, finalmente, as pessoas que não fariam nada poriam a casa em ordem depois da festa. Assim, todos ficariam contentes. Será que esse plano daria certo?

c) Modifique as frases, como no exemplo.

Fernando, traga os formulários, por favor.
Fernando, você poderia trazer os formulários?
Fernando, será que você poderia trazer os formulários?
1. Otávio, você poderia organizar os times para o próximo jogo?
Otávio, será que você poderia organizar os times para o próximo jogo?
2. Dona Alice, a senhora poderia comprar mais três ingressos para o jogo de amanhã, por favor?
Dona Alice, será que a senhora poderia comprar mais três ingressos para o jogo de amanhã, por favor?
3. Rapazes, vocês poderiam vir até aqui?
Rapazes, será que vocês poderiam vir até aqui?
4. Meninos, vocês poderiam fazer menos barulho?
Meninos, será que vocês poderiam fazer menos barulho?
5. Vocês poderiam ler o relatório da reunião para os seus colegas?
Será que vocês poderiam ler o relatório da reunião para os seus colegas?
6. Rogério, você poderia trazer as pastas com os relatórios, por favor?
Rogério, será que você poderia trazer as pastas com os relatórios, por favor?
7. Você poderia responder urgente esta carta, por favor?
Será que você poderia responder urgente esta carta, por favor?
8. Você poderia vestir esse pulôver?
Será que você poderia vestir esse pulôver?
9. Você poderia servir o café agora, por favor?
Será que você poderia servir o café agora, por favor?
10. Você poderia repetir o número, por favor?
Será que você poderia repetir o número, por favor?

d) No texto abaixo, coloque os verbos indicados no futuro do pretérito.

Queríamos ter casa própria. Compramos uma casa pequena e velha porque não tínhamos muito dinheiro.
 compraríamos   - faríamos   - teríamos /
 haveria   - plantaríamos / seria /

e) Futuro do presente ou futuro do pretérito?
Siga o exemplo.
(fazer)Ele _fará_ a viagem. Eu não _faria._
1. _dirão_ - _diria_
2. _farei_ - _faria_
3. _permitiremos_ - _permitiriam_
4. _trarão_ - _traríamos_
5. _vestiriam_ - _vestirão_
6. _dará_ - _daria_
7. _terão_ - _teriam_ /
8. _aceitaria_ - _aceitará_
9. Você _virá_ ajudá-lo? Eu não _viria._
10. _falaria_ - _falará_

Mais-que-Perfeito Composto do Indicativo
a) Complete com os verbos indicados, no mais-que-perfeito, como no exemplo.
(sair) Quando ele chegou, eu já _tinha saído_ .
1. _tinha viajado_   2. _tinha descoberto_
3. _tinha feito_   4. _tinha dito_
5. _tinha enviado_   6. _tinha ido_
7. _tínhamos visto_   8. _tinha posto_
9. _tinha escrito_   10. _tinha vindo_

b) Passe o texto abaixo para o passado. Empregue o perfeito, o imperfeito ou o mais-que-perfeito.
(Livro-Texto, página 147)
Para essa viagem, ele preparou tudo. Fez os roteiros, escolheu os hotéis, mandou fax para as reservas. Até determinou as roupas que a família devia levar. Nem sempre ele fez assim. mas essa viagem era especial. Era a viagem dos seus sonhos. As passagens de avião ele já tinha comprado havia dois meses. Chegou finalmente o dia da partida. Estavam todos no aeroporto. Mas, onde estavam as passagens? Ele tinha esquecido no cofre de sua casa!

Verbos sentir, vestir, servir, preferir etc.

a) Responda às perguntas, como no exemplo.

Você se veste rápido? Não, eu não me visto rápido.

1. Não, eu não me sinto bem aqui.
2. Não, eu não sirvo vinho no jantar.
3. Não, eu não sirvo café para os diretores.
4. Não, eu não prefiro ficar em casa à noite.
5. Não, eu não me divirto com o jogo.
6. Não, eu não repito as ordens muitas vezes.
7. Não, eu não minto muito.
8. Não, eu não me sinto mal na montanha.
9. Não, eu não me visto sempre da mesma forma.
10. Não, eu não me divirto no escritório.

b) Complete as frases com os verbos nos tempos adequados.

1. sirvo - serve - prefiro
2. se vestiu - se divertiu
3. me sentia / 4. mentia - minto

Preposições + pronomes pessoais

Complete com os pronomes na forma adequada.

1. mim - comigo   2. nós - conosco
3. você - comigo   4. nele - mim
5. conosco   6. mim - você - dela
7. nós - conosco   8. vocês - vocês
9. mim - você   10. conosco

C1 Trocando idéias

Ampliando a reflexão sobre o assunto esporte, abrir para outras modalidades esportivas e outros ídolos, menos conhecidos do grande público.

Aproveitar para comentar a São Silvestre, maratona realizada em São Paulo, todo 31 de dezembro (dia do santo que dá nome à corrida), quando milhares de pessoas, do mundo inteiro, participam dessa competição.

Levar o aluno a dar sua opinião sobre o assunto e comentar se existe algo semelhante em seu país.

C2 Chegando lá

O aluno frente ao esporte. Retomando as questões levantadas em **A1**, estimulá-lo a falar do esporte em seu país: modalidades, envolvimento popular, ídolos nacionais, esportes mais conhecidos.

3.10. Unidade 10 - Vestindo a roupa certa

Idéias básicas:

A moda no Brasil.
O traje e o clima. O traje e a ocasião.
Formalidades e informalidades.

A1 Pensando sobre o assunto

Antecipando o texto, questionamento sobre as tendências da moda brasileira, especialmente para o verão.
Trabalhar a idéia de volta às fibras naturais.
Explorando as fotos, comentar com o aluno a importância dos desfiles para a indústria da moda. Indagar dele que tipo de fibra é mais comum em seu país.

A2 Lendo o texto

Em "Tendências da moda: volta ao passado? ", discute-se a procura por produtos naturais, seja no vestuário seja em calçados e acessórios. O conforto é a meta.

Dificuldades do texto:

- **gramatical**: verbo medir- eu meço, você mede, etc
- **de vocabulário**:
  — estar em alta/ em baixa. Estas expressões podem ser explicadas usando como exemplo o que ocorre com as ações, nas bolsas de valores: uma ação em alta = uma ação bem cotada, valorizada; uma ação em baixa = uma ação que perdeu o seu valor, pouco cotada, desvalorizada.
  — volta ao natural = procura novamente por produtos naturais.

A3 Voltando ao texto

Observe e responda.

1. R. rápida: Tendência da moda.
R. completa: A moda aposta nas fibras naturais, pelo seu conforto e elegância.
2. R. rápida: Roupa de algodão.
R. completa: Durante o dia deve-se usar roupa de algodão.
3. R rápida: Seda ou linho.
R completa: À noite, deve-se usar tudo em seda ou linho.
4. R rápida: De couro.
R. completa: Os sapatos devem ser de couro.
5. Questão aberta. Respostas possíveis:
As roupas de algodão, de seda são mais confortáveis.
As roupas de fibras sintéticas são mais práticas.

A4 Dialogando

Os diálogos "Nunca se sabe", "Ouvi dizer", "De loja em loja" exploram situações que envolvem a escolha do traje adequado para cada ocasião: traje esporte, esporte fino, social, a rigor.
Ao explorar o 1º. diálogo, talvez seja oportuno explicar o sujeito indeterminado: No convite, **pedem** traje esporte fino.
O professor não precisa se aprofundar no assunto. Pode comparar com a frase do diálogo "Uma paixão, quase uma religião..." (Livro-Texto, página 137): - Já me **tinham** dito...

Intenções de fala:
Pedir favores justificando o pedido.
Manter opinião.
Tomar decisões quanto à escolha da roupa.

A5 Ampliando o vocabulário

Oportunidade de trabalhar o vocabulário relativo a roupas e calçados: nome das peças, tipos, tamanhos, adequação do traje ao clima, à ocasião e à atividade. As ilustrações devem ser exploradas ao máximo, nesse sentido.
Introdução do nome das cores e sua identificação.

a) Relacione.

1. Como você é? Quais são suas medidas?
Quanto você mede? 1,80m
Quanto você calça? Qual é o seu número? 39
Qual é seu tamanho? Qual é seu manequim? 46
Quanto você pesa? 75kg
Após resolver a questão proposta, o exercício pode ser repetido com a classe, fazendo cada um dar suas próprias medidas.

2. A roupa e o clima

dias quentes	roupa leve/ roupa de algodão/ short, camiseta, sandália
dias chuvosos	capa e guarda-chuva
dias frios	roupa pesada/ suéter, pulôver, malha/ roupa de lã / agasalho/ bota

3. A roupa e a atividade

para um churrasco	jeans, bermuda
para a piscina, a praia	maiô, biquini, sunga, calção
para fazer cooper	calção, short, abrigo
para dormir	pijama, camisola
para descansar	chinelo
para andar na chuva	capa, guarda-chuva

b) Elimine o intruso

• o cinto, a gravata, o lenço, o chapéu, o convite
• o sapato, a entrada, a sandália, o chinelo, a bota
• as luvas, a carteira, a bolsa, a árvore, o colete
• de lã, de linho, de noite, de algodão, de seda
• a manga, o colarinho, a banana, a gola, o bolso
• o vestido, a saia, o biquini, o terno, a blusa
• pesado, estampado, liso, xadrez, listrado
• a cueca, a calcinha, o sutiã, o casaco, a camiseta

c) Complete

branco	azul
preto	verde
verde	vermelho
amarelo	azul

B1 Estudando a língua

- Verbos: Presente e Pretérito Perfeito do Indicativo de **saber, pedir, ouvir, medir**
- Pronomes indefinidos: **alguém, ninguém/ algum, alguma/ nenhum, nenhuma/vários/cada/tudo/ nada**
- Dupla negativa.
  Insistir na forma do português de dupla negativa:
  —o **advérbio de negação** + a **forma negativa** dos pronomes indefinidos → não... nada; não... ninguém, etc.
  Chamar a atenção para uma negação **simples** com os pronomes **ninguém** e **nada** como sujeitos, no início da frase: Ninguém veio./ Nada aconteceu.

B2 Aplicando o que aprendeu
Presente e Pretérito Perfeito do Indicativo
a) Complete as frases com o presente.

1. sei   2. sabem - sabemos
3. sabe - sei   4. ouvem /
5. ouve - ouço   6. ouvimos
7. mede - meço   8. pede - peço - pedem
9. mede   10. peço

b) Complete as frases com o presente ou o perfeito.
Exemplo: (saber)
Ela **soube** do desfile com um mês de antecedência.
Eles sempre **sabem** o preço das roupas.

1. peço   2. ouvem - ouço
3. sabemos   4. mediu
5. meço - mede   6. sei
7. pediram - pedimos 8. ouço
9. ouvem   10. souberam

78

Indefinidos

a) Complete com cada.
1. _Cada_   2. _cada_   3. _cada_   4. _Cada_

b) Complete com tudo, nada, vários, várias.
Ela queria comprar _tudo_ / _nada_ / _várias_ - _várias_ - _vários_ / _Nada_ / _tudo_

c) Complete com alguém, algum, alguma, alguns, algumas.
... _alguns_ / _Algumas_ - _alguns_ / _alguém_ - _alguma_ / _algum_

d) Responda negativamente. Siga o exemplo.
Quem veio nos visitar ontem?
Ninguém veio.
1. _- Nenhuma_ pessoa mandou.
2. _- Nenhum_ amigo telefonou.
3. _- Ninguém_ mandou.
4. _- Nada_ aconteceu.

e) Complete com ninguém, nenhum, nenhuma, nada.
... _ninguém_ / _nada_ / _nenhum_ / _nenhuma_ / _nada_

f) Passe a frase para a forma negativa.
Siga o exemplo. Eu quero tudo. Eu não quero nada.
1. _Eu não conheço ninguém em Manaus._
2. _Eu não comprei nada._
3. _Nós não recebemos nenhum folheto da loja._
4. _Nós não vimos ninguém ontem._
5. _Eu não convidei nenhuma amiga para almoçar._
6. _Não diga nada!_

g) Responda negativamente. Siga o exemplo.
— Eu quero tudo. E você?
— Eu não quero nada.
1. - Eu não conheço ninguém aqui.
2. - Eu não comprei nenhuma roupa nessa loja.
3. - Eu não disse nada.
4. - Eu não tenho nenhum problema com o banco.
5. Eu não vou escrever para ninguém.
6. - Eu não vi ninguém no jardim.

h) Complete o texto abaixo, de acordo com o sentido.
Quando cheguei ao Brasil, não conhecia ninguém . Durante vários meses não fiz nenhum amigo e não tinha nada para fazer nos fins de semana. Ia à praia, mas não falava com ninguém em especial. Precisava de alguém para me ajudar. Sabia alguma coisa sobre a cidade onde devia trabalhar, mas não via nada de interessante nela. Somente depois de vários meses comecei a ter alguns amigos e a ter vários programas em fim de semana. Só que agora não tenho mais nenhum tempo livre para mim. Não é mole, não!
Este exercício dá oportunidade, ainda, para explicar a expressão popular **é mole/ não é mole:** é fácil, sem complicação/ não é fácil, exige paciência, esforço.

C1 Trocando idéias
Ampliar a discussão sobre a moda no Brasil, relacionando hábitos mais informais quanto à maneira de vestir-se com nossos hábitos culturais e nosso clima, sem estações bem definidas.
Como o estrangeiro vê essa informalidade.

C2 Chegando lá

Levar o aluno a falar sobre sua maneira de vestir-se e sobre a moda em seu país de origem.
Comparar a moda brasileira à de seu país.

3.11. Unidade 11 - Pondo o pé na estrada

Idéias básicas:
Turismo no Brasil: a diversidade de paisagem e de clima. O verão brasileiro.
Pacotes turísticos e tipos de turistas.
As diferenças regionais quanto à cultura popular, hábitos e costumes.
A riqueza de nossa fauna e flora.

A1 Pensando sobre o assunto

Antecipando as idéias do texto, oportunidade de discutir as opções que o Brasil oferece, em matéria de turismo, atendendo aos gostos mais variados.
Convite à descoberta de um país diferente.
Os mais variados tipos de viagens serão explorados em **C1**.

A2 Lendo o texto

Em "Férias Brasileiras" procura-se mostrar que o Brasil, por suas dimensões continentais, oferece grande variedade de paisagem e de cultura. Viajar pelo Brasil pode ser uma aventura prazerosa.
Sem luxo, sem gastos excessivos, pode-se descobrir um Brasil diferente.
Para introduzir o assunto, pode-se perguntar ao aluno quais as regiões brasileiras que conhece, quais as que gostaria de conhecer.

Dificuldades do texto:
- **gramaticais**
  — introdução do Presente do Subjuntivo.
- **de vocabulário**
  — por ser = porque é;
  — sem falar = deixando de falar em; sem mencionar;
  — desértico = que parece um deserto, pelo aspecto do solo ou do clima.

A3 Voltando ao texto

a) **Responda.**

1. Resposta rápida : Por causa do clima tropical.
Resposta completa: É possível viajar pelo Brasil levando pouca roupa, por causa do clima tropical.

2. Resposta rápida: A variedade de paisagens e de atrativos.
Resposta completa: As vantagens das dimensões continentais do Brasil estão na variedade de paisagens e de atrativos para o turismo.

3. R. rápida: Não. Só no Norte e Nordeste.
R. completa: O Brasil não é um país de clima inteiramente tropical. Só no Norte e Nordeste. No Sul e Sudeste, o clima é quase europeu.

4. R. rápida: Pela riqueza da fauna pelos rios caudalosos.
R. completa: O Pantanal, localizado na região quase desértica do Planalto Central, apresenta rios caudalosos, pesca abundante e grande variedade de animais e aves raras.

5. Questão aberta. Respostas possíveis:
Viajando, as pessoas passam a conhecer um Brasil que não está nos livros.
Viajar é uma maneira pessoal de conhecer o Brasil.

b) Explique o significado, no texto, das expressões:
país muito grande, de grande extensão territorial
verdadeira atração, verdadeiro encantamento
uma visão comovente, impressionante
sem considerar (levar em consideração)
uma calça esporte, de vez em quando
Esse exercício ajuda na compreensão do vocabulário de
A2.

A4 Dialogando
Nos diálogos "Ainda não sabemos o que fazer", "Vamos para a Bahia", "Luxo ou simplicidade" e "Um sol de rachar" explora-se a situação da escolha de um lugar para passar as férias com a família.
Os diálogos, ao mesmo tempo em que exploram os tipos de viagens e de regiões, introduzem os vários empregos do subjuntivo.

Intenções de fala:
Expressar dúvida, necessidade, conveniência, probabilidade, finalidade.
Identificar e descrever fenômenos da natureza.

A5 Ampliando o vocabulário
Aproveitando o tema viagem, propõe-se aqui a identificação de vocabulário específico referente a dois campos semânticos:
— O carro e a viagem (componentes do carro; acessórios indispensáveis; preparativos para a viagem; serviços).
— Os animais, Brasil afora (animais selvagens; aves; insetos; animais domésticos)
O vocabulário referente a carro e viagem, presta-se a exercícios de consolidação do emprego do subjuntivo, explorado em **B1** e **B2**.
Exemplos:
— Encher o tanque? Antes de fazer uma longa viagem, o

motorista pede ao empregado do posto **que encha** o tanque.

—Se o pneu furou, é necessário **que ele vá** ao borracheiro, etc.

O carro e a viagem. Risque o intruso.

a) Componentes do carro
~~as luvas~~

b) Os acessórios indispensáveis
~~o ar condicionado~~

c) Preparativos para a viagem
~~fazer acampamento~~

d) Os serviços
~~o posto de saúde~~

B1 Estudando a língua

—Verbos:

— Presente do Subjuntivo dos verbos regulares de 1ª., 2ª. e 3ª. conjugações: Formação e Emprego (1) com expressões impessoais e certas conjunções.

— Presente do Indicativo e Presente do Subjuntivo de **perder, dormir, cobrir**

— Presente do Subjuntivo dos verbos irregulares **ser, estar, haver, dar, ir, saber, querer.**

• Expressões referentes a clima.

B2 Aplicando o que aprendeu

Presente do subjuntivo

a) Dê a forma do presente do indicativo e do presente do subjuntivo.

Exemplo: (andar)   eu <u>ando</u> - que eu <u>ande</u>

1. <u>pergunto</u> - <u>pergunte</u>   2. <u>respondo</u> - <u>responda</u>
3. <u>discuto</u> - <u>discuta</u>   4. <u>insisto</u> - <u>insista</u>
5. <u>posso</u> - <u>possa</u>   6. <u>digo</u> - <u>diga</u>
7. <u>ponho</u> - <u>ponha</u>   8. <u>tenho</u> - <u>tenha</u>

9. faço - faça   10. perco - perca
11. sinto - sinta   12. trago - traga
13. ouço - ouça   14. venho - venha
15. vejo - veja

b) Complete as frases com o presente do indicativo e o presente do subjuntivo.
1. perco - perca   2. fazem - façam
3. dorme - durma   4. tem - tenha
5. descobrimos - descubramos
6. há - haja

c) Complete as frases com o presente do subjuntivo.
1. percam   2. dê   3. esteja   4. saiba
5. acabem   6. dê   7. seja   8. seja
9. queira   10. tenha

d) Complete a idéia das frases. Use o presente do subjuntivo.
Exemplo:
É provável que _____ (ter – nós)
É provável que tenhamos um dia mais calmo, hoje.
Este exercício admite repostas várias. Cada aluno, naturalmente, responderá de acordo com a sua vivência e domínio de vocabulário.
O importante é avaliar a capacidade do aluno de empregar corretamente o presente do subjuntivo dos verbos dados.
A título de sugestão, segue abaixo um exemplo de respostas.
1. estejamos presentes   2. ele venha
3. durmam pouco   4. eu perca o avião
5. tenha folga no domingo   6. partamos amanhã
7. eu faça uma reserva para o jantar
8. elas queiram trabalhar na Feira do Livro
9. você vá ao Banco   10. saibamos toda a verdade

e) Presente do indicativo ou presente do subjuntivo? Faça a escolha adequada.
1. faz - perco   2. podemos - esteja
3. dêem - vou
4. esteja nevando - está fazendo
5. faça - planeje
6. chove - se molha

Expressões impessoais referentes a clima
a) Identifique as condições climáticas. Siga o exemplo.
Está fazendo muito frio.
Está nevando.
Está fazendo sol.
Está chovendo.
Está nublado.
Está fazendo três graus abaixo de zero.
Está relampejando.
Está fazendo 40 graus centígrados.
Está garoando.
Está ventando.

b) Escolha cinco situações climáticas do exercício anterior e faça frases, empregando o presente do subjuntivo. Siga o exemplo.
(Está fazendo muito frio.) Embora esteja fazendo muito frio no Canadá, não desistirei da viagem.
Este exercício também admite várias respostas, dependendo das situações escolhidas pelo aluno. O professor deve estimulá-lo a empregar em novas frases todas as situações propostas.
Respostas possíveis:
1. Embora esteja chovendo, não levarei guarda-chuva.
2. Embora esteja fazendo 40º, irei à praia.
3. Embora esteja ventando, não fecharemos as janelas.
4. Embora esteja nublado, o sol poderá aparecer.
5. Embora esteja nevando, não iremos esquiar.

c) Numere de acordo com a situação.

Em janeiro, No Brasil (1)   e   Na Europa (2)

(1) faz sol de rachar   (2) faz frio
(2) faz 3°C negativos   (1) faz mais de 30 °C
(1) os dias são quentes   (2) os dias são curtos
(2) neva o tempo todo   (1) faz calor

d) Associe, pelo sentido.

(1) Está chovendo   (3) nuvem
(2) Está relampejando   (4) trovão
(3) Está nublado   (2) eletricidade
(4) Está trovejando   (6) muita água
(5) Está garoando   (4) barulho
(6) Está chovendo forte   (1) água
                             (2) raio, relâmpago
                             (5) chuva fina

C1 Trocando idéias

Ampliar o assunto, com comentários sobre os mais variados tipos de turistas e programas turísticos.
Pacotes turísticos. Meios de transporte: aéreo, rodoviário, marítimo.
Vantagens e desvantagens.
Estimular o aluno a usar frases completas para responder às questões pessoais.
Exemplo:
— Quantas vezes você já esteve no Brasil?
— Eu já estive no Brasil X vezes. ou
— É a primeira vez que eu venho ao Brasil. Espero que eu possa voltar outras vezes.

C2 Chegando lá

Encetar um longo diálogo sobre o turismo no país do aluno, a partir das perguntas de **C2**.
Estimular o emprego de frases completas para responder às questões propostas. Exemplo:
— No seu país, o turismo é uma atividade bem organizada?

Uma grande fonte de renda?
— Sim, no meu país o turismo é bem organizado. Há muitas cidades que vivem do turismo.
— Qual a melhor maneira de se pôr o pé na estrada no seu país?
— No meu país, o trem é a melhor opção.
— É possível viajar com conforto, de forma econômica?
— As viagens de trem são muito confortáveis, mas são caras.

3.12. Unidade 12 - Vendo, ouvindo, lendo... e escolhendo

Idéias básicas:
A mídia brasileira: rádio, televisão, cinema, imprensa.
Principais jornais e emissoras de rádio e televisão.
Internet: acesso e possibilidades.
Papel da Internet na atualidade: lazer, comércio, serviços.

A1 Pensando sobre o assunto
Considerações sobre a evolução da mídia no século XX.
As perspectivas de nova revolução em matéria de comunicação no século XXI
Na conversa com o aluno, preparatória da exploração do texto, o professor poderá perguntar **como**, na sua opinião, a mídia revolucionou a comunicação. Chamar a atenção para a questão do acesso à comunicação: no caso da imprensa escrita, acesso mais difícil; no caso do rádio e da televisão, pela comunicação oral e visual, acesso mais fácil e muitas vezes mais atraente.
Pedir ainda a opinião do aluno sobre a internet, suas facilidades e dificuldades.

A2 Lendo o texto
O texto "A mídia brasileira" propõe a discussão sobre a evolução dos meios de comunicação de massa, do rádio à Internet.
O papel polêmico da televisão.
Novas conquistas em matéria de comunicação.

Dificuldades de vocabulário:

— tamanho impacto = força tão grande;

— ilusão = falsa idéia, aparência enganosa;

— sensação de protagonista = impressão de participar dos fatos, de desempenhar um papel importante neles.

A3 Voltando ao texto

a) Certo ou errado?

1. E   2. C   3. E   4. E   5. C

b) Responda, de acordo com o texto dado.

1. R. rápida: Verdadeira revolução tecnológica.
R. completa: O século XX, em matéria de comunicação, caracterizou-se por uma verdadeira revolução, graças ao extraordinário avanço tecnológico nessa área.

2. R. rápida: Rádio e televisão.
R. completa: Os meios de comunicação e informação mais populares no Brasil são o rádio e a televisão.

3. R. rápida: Pelo seu envolvimento.
R. completa: A televisão dá ao espectador a ilusão de domínio dos fatos porque o envolve, dando a sensação de ser também protagonista.

4. R. rápida: Por falta de crítica do telespectador passivo.
R. completa: Programas de baixo nível de qualidade têm audiência pela falta de crítica do telespectador passivo.

5. R. rápida: Pode, por uma atitude mais crítica.
R. completa: A sociedade pode cobrar qualidade dos meios de comunicação. Deve ser mais crítica e cobrar providências quanto ao nível da programação.

A4 Dialogando

São propostos cinco diálogos, na forma de programa de entrevista de ouvintes no rádio, sobre os meios de comunicação de massa.

Aqui, após a leitura dos diálogos, o professor poderá pedir ao aluno que fale de suas preferências, dando as razões. O aluno deverá empregar os mesmos verbos usados nos textos.

Intenções de fala:
Expressar desejo, dúvida, sentimento.
Apresentar e defender pontos de vista.

A5 Ampliando o vocabulário

Vocabulário referente ao rádio, à televisão, à imprensa escrita e ao cinema.
Identificação dos principais jornais de São Paulo, Rio, Brasília e das principais redes de televisão.
O professor pode aproveitar o vocabulário complementar para criar novas situações de diálogo. Quanto à televisão, por exemplo, discutir os programas mais interessantes, que atraem mais os estrangeiros. Verificar quais os jornais mais lidos, quais os interesses e as preferências dos alunos. Esse vocabulário deverá ser retomado em **C2**. Para agilizar a aula, aqui, o professor poderá perguntar ao aluno quais os tipos de artigos de jornal de seu país, a influência de algum instituto como o IBOPE, a venda de jornais e de revistas por assinatura, a TV por assinatura, etc.

B1 Estudando a língua

Sistematização dos seguintes itens:
* Verbos:
  — Presente do Subjuntivo - **Emprego (2)** com:
    a) verbos e expressões de desejo;
    b) verbos e expressões de dúvida;
    c) verbos e expressões de sentimento.
  — Presente do Indicativo e do Subjuntivo de . **fugir, subir**
* Pronomes relativos simples:
  a) Invariáveis: **que, quem, onde**
  b) Variáveis: **cujo, cuja, cujos, cujas**.

B2 Aplicando o que aprendeu
Subjuntivo com verbos de desejo, sentimento, dúvida
a) Complete com os verbos indicados entre parênteses.
1. gravem   2. permaneça   3. divida
4. ouçam   5. tragam   6. venham

b) Complete com os verbos indicados , no modo e no tempo corretos. Siga o exemplo.
(**fazer**) Ele quer que eu faça uma viagem ao exterior.
Com certeza eu farei meu trabalho sozinho.
1. convide   2. atenderá   3. perceba
4. envie   5. recebamos   6. darão
7. digam   8. seja   9. serão   10. seja

Verbos fugir e subir
a) Complete as frases com os verbos indicados, no presente do indicativo.
1. sobem   2. subo - subo   3. fugimos - foge
4. foge - fujo   5. sobe

b) Use o indicativo ou o subjuntivo, conforme o caso.
1. suba   2. fugimos   3. fujam
4. fujo   5. subamos - sobe
Ao trabalhar com os alunos este exercício, aproveitar para explicar a expressão idiomática: **fugir de alguma coisa como o diabo foge da cruz**: evitar, afastar-se, como se fugisse de um perigo, de uma praga.

Pronomes relativos simples
Invariáveis: que, quem, onde
a) Complete com que ou quem.
1. que   2. que   3. quem   4. que
5. que   6. quem   7. que   8. quem
9. quem   10. que

b) Transforme as frases, empregando que ou quem, conforme os exemplos.

Ele gosta muito deste programa de auditório. Este programa dá bons prêmios.

Ele gosta muito deste programa de auditório, que dá bons prêmios.

Ele gosta muito do apresentador. Eu lhe falei dele ontem.

Ele gosta muito deste apresentador, de quem lhe falei ontem.

1. Não conheço a nova atriz que vai substituir a antiga.
2. Não conheço a nova atriz com quem ele vai trabalhar nos próximos capítulos.
3. Talvez você conheça o fim desta novela que vai terminar amanhã.
4. Talvez você conheça o diretor sueco para quem ele vai trabalhar.
5. Ele está compondo uma música com que vai concorrer no Festival de Música Popular.
6. Eu sempre assisto a este programa de entrevistas que apresenta gente famosa de teatro.
7. Ontem revi um amigo de infância em quem sempre penso.
8. Não conheço o proprietário de quem comprei esta casa.
9. Você pode descrever o novo cliente que esteve aqui ontem?
10. Você conhece aquele ator que recusou o prêmio da Academia?

c) Transforme, como no exemplo:

A rua é muito comprida. Ele mora **nessa rua**.

A rua **onde** ele mora é muito comprida.

1. A academia onde ele faz ginástica é muito conhecida.
2. Não conheço a nova sala de espetáculos onde será o concerto.
3. Porto Seguro é uma cidade da Bahia onde os portugueses chegaram em 1500.
4. Ouro Preto é uma bela cidade histórica para onde quero ir nos próximos feriados.

5. Comprei este Guia sobre a América do Sul, onde achei informações interessantes.

Pronomes relativos variáveis: cujo, cuja, cujos, cujas

a) Transforme, como no exemplo.

O título **do livro** deu nome ao programa. O livro foi um sucesso.
O livro, **cujo** título deu nome ao programa, foi um sucesso.

1. O prêmio, cujo valor é fantástico, é internacional.
2. As novas empresas, cujos sites estão cada vez mais sofisticados, estão investindo alto.
3. Este jornal, cujas manchetes atraem muitos leitores, é sensacionalista.
4. Esta rádio comunitária, cuja publicidade é muito bem feita, tem a cada dia mais ouvintes.
5. Esta emissora, cujos programas culturais são muito bons, tem grande audiência.
6. Esta novela, cujos atores são excelentes, agradou ao público.

b) Complete com o pronome relativo adequado: que, quem, cujo(s), cuja(s), onde.

1. onde - quem   2. cujo   3. quem
4. que   5. cujo
6. quem - quem - que - que
7. que   8. que

C1 Trocando idéias

Neste item, o objetivo é enriquecer um pouco mais a discussão relativa à comunicação, principalmente depois do advento da TV a cabo e da Internet. Colocar a questão: o que é TV por assinatura?

Procurar refletir sobre o papel da Internet, não só na área de entretenimento, mas, em especial, nas áreas de comércio e de serviços.

Discutir o acesso à Internet no Brasil. As dificuldades estão apenas no preço dos equipamentos ou existem outras? O importante é levar o aluno a dar sua opinião sobre o assunto, a falar de sua experiência profissional e pessoal nesse campo.

C2 Chegando lá

Neste item o aluno terá oportunidade de falar sobre os meios de comunicação de massa em seu país, sobre os programas de televisão preferidos pela população e sobre seus próprios interesses e preferências.

Deverá ainda ser capaz de comentar a idéia:

"Quando as imagens dizem mais do que as palavras".

A força, o impacto das imagens, pela identificação imediata daquilo que representam – pessoas, objetos, situações – provocando instantaneamente impressões e sentimentos.

3.13. Unidade 13 - Pintando e bordando

Idéias básicas:

Cultura e arte brasileira: música, teatro, pintura. Pintores brasileiros.

Festas populares regionais, o ano todo.

Carnaval: a festa nacional

A1 Pensando sobre o assunto

Começar a conversa pela explicação do título da unidade:

— ao pé da letra, pintar, bordar = fazer pinturas, bordados.

— sentido denotativo: fazer artes em geral;

— sentido conotativo: fazer tudo que lhe é permitido, tudo o que quiser. Exemplos:

Ele pinta e borda. = Ele faz de tudo.

Na festa, ele pintou e bordou. = fez tudo o que podia; dançou, cantou, comeu, bebeu, etc. Pode-se aproveitar para dar a expressão sinônima: deitar e rolar.

Partindo da discussão sobre o carnaval, mostrar a importância da música no dia-a-dia do brasileiro.
Explicar o que é:
— música sertaneja = música caipira, que fala dos sentimentos e da vida da população rural;
— samba- canção = samba de ritmo mais melódico, cuja letra é sempre sentimental.

A2 Lendo o texto
O texto "Vocação brasileira: alegria!" procura mostrar a disposição dos brasileiros para festejar como herança deixada pelos colonizadores, escravos e imigrantes. A ênfase está na disposição para cantar e dançar, manifesta, principalmente, nos festejos de carnaval.
Após a leitura do texto, trabalhar inicialmente a idéia expressa no lead: *De janeiro a dezembro, uma agenda repleta de eventos.* Levar o aluno a identificar alguns desses eventos, no tempo:
— carnaval: em fevereiro ou março;
— festa do peão de boiadeiro: em agosto;
— festival de música popular: julho.
Várias manifestações são identificadas através das ilustrações que acompanham o texto, podendo ser exploradas quanto ao seu significado e vocabulário:
Bumba-meu-boi: de influência africana e indígena
Festa do Divino: de origem portuguesa
Festa de Iemanjá: de origem africana

A3 Voltando ao texto
a) Responda.

1. R. rápida:	Não. Há festas o ano todo.
R. completa:	Não. No Brasil, há festas o ano inteiro, de janeiro a dezembro.
2. R. rápida:	Aos santos católicos, às entidades do candomblé, festas juninas, regionais.
R. completa:	As festas populares são de vários tipos. Há festas dedicadas aos santos católicos, ao candomblé, festas juninas, festas regionais.

3. R. rápida: A música.
R. completa: O elemento presente em todas as festas populares brasileiras é a música.
4. R. rápida: Herança dos colonizadores, escravos e imigrantes.
R. completa: A inclinação dos brasileiros para festas é herança recebida dos colonizadores, escravos e imigrantes.
5. Questão aberta.
Levar o aluno a falar sobre qualquer uma das festas apresentadas: Carnaval, Iemanjá, Bumba-meu-boi, etc.

b) Explique.
— Festa de Santo Antônio, de São João e de São Pedro, realizadas em junho,
— Comemorações do Natal e do Ano Novo.
— Figuras da religião africana.
— A dança está no sangue do brasileiro.
— Há festas populares o ano todo, em todas as regiões do Brasil.

c) Escolha três fotos e descreva
1. o que você vê
2. o que você pode perceber
Questões abertas. Dependem da sensibilidade e da capacidade de percepção de cada aluno. O objetivo é levar o aluno a identificar alguns elementos presentes nas festas populares: movimento, cores, alegria, expressão do folclore nacional.
O professor deve fazer o aluno explorar ao máximo o vocabulário na explicação:
pobreza - por quê (vestimenta, classe social, etc.)
movimento - por quê (posição do corpo, das pernas, música, etc)
folclore - por quê (danças regionais, etc.)
expressão nacional por quê (religião, em festas juninas)

A4 Dialogando

Os três diálogos deste item apresentam situações de comunicação referentes a três aspectos: música, festa junina, pintores brasileiros.

Introduzem o item gramatical relativo ao emprego do imperfeito do subjuntivo em duas situações:

— com verbos de dúvida, de desejo, de sentimento; com expressões impessoais e com certas conjunções;

— na frase condicional.

O professor deverá explicar o nível de linguagem do texto "Cunvite".

Ao explorar o diálogo "Pintores", ressaltar o grande número de pintores primitivos do país. Pedir ao aluno que dê sua opinião sobre esse tipo de pintura. (Esse tema pode ser explorado em **C1**.)

Intenções de fala:

Expressar condições hipotéticas.

Expressar desejo, dúvida, sentimento, finalidade, necessidade, conveniência, probabilidade no passado.

A5 Ampliando o vocabulário

As palavras e expressões referem-se a dois itens: festas e artes
(artistas e obras respectivas).

Propiciam a criação de novos diálogos com os alunos, reforçando as intenções de fala.

B1 Estudando a língua

- Verbos:
    - Imperfeito do Subjuntivo dos verbos regulares e dos auxiliares **ser** e **ter** (formação)
    - Emprego do Imperfeito do Subjuntivo com: verbos de desejo, de dúvida, de sentimento ;com expressões impessoais e certas conjunções.
    - Presente e Pretérito Perfeito do Indicativo, Presente e Pretérito Imperfeito do Subjuntivo de **caber**

- Orações condicionais.
- Advérbios de modo. Formação dos advérbios em – mente.
- Preposições e locuções prepositivas

B2 Aplicando o que aprendeu
Imperfeito do Subjuntivo
a) Dê o imperfeito do subjuntivo.

fosse - _percebesse_ / _estivesse_ - _atendesse_ / _andasse_ - _investisse_ / _falasse_ - _permitisse_ / _quisesse_ - _visse_ / _trouxesse_ - _viessem_ / _pudéssemos_ - _fossem_ / _soubessem_ - _desse_ / _fizesse_ - _perdesse_ / _dissesse_ - _tivéssemos_ / _puséssemos_ - _coubesse_

b) Passe as frases para o imperfeito do subjuntivo.
Faça como no exemplo.
Quero que ele fale comigo.
Queria que ele falasse comigo.
1. Eu insistia em que ele viesse me ver.
2. Pedia que vocês ficassem aqui.
3. Solicitava que você me enviasse dois exemplares da revista.
4. Queríamos que todos fizessem uma boa viagem.
5. Duvidava que os preços dos carros diminuíssem.
6. Eu não estava certo de que ele soubesse o que fazer.
7. Ficava contente que você quisesse viajar conosco.
8. Tínhamos medo de que todos preferissem tirar férias em janeiro.
9. Que pena que ele estivesse doente!
10. Talvez você pudesse nos ajudar.
11. Os artistas pediam que o governo os ajudasse.
12. Os assinantes duvidavam que o jornal pusesse a notícia na 1ª. página.
13. Tinha medo de que o coquetel fosse adiado.
14. Duvidava que os pacotes coubessem no porta-malas.

c) Complete com o presente ou com imperfeito do subjuntivo.

1. _viesse_ - _queira_   2. _dissesse_ - _diga_
3. _tivessem_   4. _ouvissem_ - _ouçam_
5. _pedisse_ - _peça_   6. _trouxéssemos_ - _traga_
7. _pudessem_ - _possam_ 8. _vestisse_ - _vista_

Orações condicionais

a) Complete as orações, usando o imperfeito do subjuntivo dos verbos dados.
Siga o exemplo.
(ter) Eu iria ao show, se _____ tempo.
Eu iria ao show se _tivesse_ tempo.
1. _conhecesse_   2. _conhecessem_   3. _tivéssemos_
4. _tivesse_   5. _coubessem_   6. _coubesse_
7. _partisse_   8. _partíssemos_   9. _representasse_
10. _viesse_
Aproveitar para explicar o significado da expressão idiomática **rasgar a fantasia**: deixar-se levar pela emoção; mostrar a verdadeira face de sua personalidade, sem dissimulação.

b) Faça frases, usando a oração condicional.
Siga o exemplo.
(eu) ficar contente/ poder viajar para Paris
Eu ficaria contente se pudesse viajar para Paris.
1. _Ele compraria uma fazenda se tivesse muito dinheiro._
2. _Nós assistiríamos ao show se fôssemos convidados._
3. _Eles desfilariam na Gaviões da Fiel se fossem corintianos._
4. _Você produziria mais se não estivesse cansado._
5. _Eu não chegaria atrasado ao estúdio se levantasse cedo._
6. _Você evitaria problemas no trânsito se dirigisse com cuidado._
7. _O diretor escolheria os melhores artistas se pudesse._
8. _Nós aceitaríamos a oferta se a firma pagasse bem._

9. Vocês jamais iriam lá se conhecessem o lugar.
10. Nós poderíamos jantar com vocês se saíssemos mais cedo do escritório.

Advérbios de modo
a) Complete as frases com os advérbios de modo em – mente correspondentes aos adjetivos indicados.
1. lentamente   2. corretamente   3. simplesmente
4. facilmente   5. cuidadosamente
6. economicamente   7. claramente   8. levemente
9. duramente   10. inteligentemente

b) Complete com o advérbio adequado.
1. baixo   2. sem querer   3. De repente
4. mal   5. de propósito - sem querer
6. Felizmente .

Preposições e locuções prepositivas
Complete com a preposição ou locução prepositiva adequada.
1. com - por   2. Em   3. De acordo com
4. Por - sem   5. Além de   6. Para

C1 Trocando idéias
A música brasileira, por ser uma de nossas manifestações artísticas mais conhecidas pelos estrangeiros, é um assunto que possibilita uma troca de idéias mais rica.
Explorar os ritmos brasileiros, a bossa-nova e seus ídolos.
"QUEM NÃO GOSTA DE SAMBA..."

C2 Chegando lá
Solicitar do aluno informações sobre suas preferências musicais, sobre o tipo de música mais difundido em seu país, as influências recebidas.
Incentivar também o aluno a falar sobre as festas populares e tradições de seu país.

3.14. Unidade 14 - Procurando emprego

Idéias básicas:
A evolução do mercado brasileiro. Perspectivas para o futuro. Trabalho formal e informal. As leis trabalhistas: dificuldades e alternativas. O impacto da Internet e do mercado virtual sobre a economia mundial

A1 Pensando sobre o assunto
Ênfase em três aspectos: busca de equilíbrio entre oferta e demanda; as relações de trabalho no futuro; os desafios das inovações tecnológicas.
Desenvolver a questão das inovações tecnológicas, quanto a equipamentos(uso do computador, mecanização do trabalho) e a tipo de profissional exigido, altamente qualificado.

A2 Lendo o texto
No texto "O mercado de trabalho brasileiro: perspectivas", são discutidas as seguintes idéias:
a necessidade de ampliar a oferta de emprego no mercado formal; as exigências desse mercado do ponto de vista da qualificação profissional; os desafios de acesso e manutenção do emprego face às inovações tecnológicas.

Dificuldades do texto:
* **gramaticais**
    — pretérito perfeito composto (tem aumentado/ tem aparecido)
    — futuro do subjuntivo (se ele quiser manter...)
* **de vocabulário**
    — apesar de = não obstante, a despeito de;
    — aquecimento da economia = desenvolvimento, progresso da economia.

A3 Voltando ao texto

a) Certo ou errado?

   1. E   2.E   3.E   4.C   5.C

As questões do tipo **Certo ou errado?** dão oportunidade para se distinguir afirmações absolutas de afirmações relativas e de mostrar certas nuanças da língua. Exemplo: A afirmação 2. é absoluta. O emprego de **só** restringe o aumento de empregos ao mercado informal. Sem o advérbio, a afirmação se torna relativa e estaria **certa** em relação ao texto dado.

b) Responda.

1. R. rápida:	Trabalho sem carteira assinada.	
R. completa:	O mercado informal se caracteriza pelo trabalho sem carteira assinada, sem garantia.	
2. R. rápida:	Aumento da oferta de empregos.	
R. completa:	A conseqüência direta do aquecimento da economia é o aumento da oferta de empregos.	
3. R .rápida:	Não. O desemprego continua.	
R. completa:	Não. O aquecimento da economia não trouxe o equilíbrio entre oferta e demanda. Milhões de brasileiros continuam sem emprego.	
4. R. rápida:	Os de alta tecnologia.	
R. completa:	Os setores que possibilitaram a criação de novos empregos foram os setores de alta tecnologia.	
5. R. rápida:	Além de qualificação, criatividade.	
R. completa:	As inovações tecnológicas exigem do trabalhador criatividade, capacidade de sugerir novas idéias e soluções, além de qualificação profissional.	
6. R. rápida:	Não parar de estudar, atualizar-se sempre.	

R. completa: <u>Os profissionais que trabalham em informática e telecomunicações não podem parar de estudar, devem atualizar-se sempre.</u>

A4 Dialogando

O 1º. diálogo, "O mercado de trabalho", discute a importância das diferentes áreas econômicas, mostrando principalmente o papel da agricultura e da indústria. Tem como base um quadro da população ativa, por ramos de atividade, com dados do IBGE.

Esse diálogo introduz o pretérito perfeito composto- tem tido.

Duas expressões devem ser explicadas, para melhor compreensão do contexto:

— comércio varejista ou a varejo = que vende por miúdo, por unidade, em oposição a comércio atacadista, que vende em grosso, por grandes quantidades.
— carro-chefe = o que se considera o mais importante, o principal.

O 2º, " Salários no Brasil", levanta a questão dos salários, suas diferenças regionais e por tipo de empresa.

O 3º, "As Leis Trabalhistas Brasileiras" refere-se à legislação trabalhista, às obrigações dos empregadores, às dificuldades de ampliar o mercado formal.

Esse diálogo contém vocabulário específico sobre essas leis, ampliado em **A5**. Para melhor compreensão do texto, eventualmente, o professor poderá trabalhar **A5** antes de **A4**, nessa unidade.

Devem ser explicadas as expressões:

— benefícios não obrigatórios = direitos dos trabalhadores ou auxílios oferecidos pelo empregador, que não são exigidos por lei. Por exemplo, vale-refeição.
— trabalhador temporário = que é contratado por um período determinado, para uma tarefa específica.
— trabalhador autônomo = que não tem vínculo empregatício.
— terceirização de serviços = transferência de parte das atividades de uma empresa para outras empresas ou pessoas físicas, que respondem por sua execução e pelos encargos trabalhistas do pessoal envolvido.

103

Intenções de fala:
Expressar possibilidades no futuro.
Descrever ações e estados que se estendem do passado ao presente.

A5 Ampliando o vocabulário

Identificação dos diferentes tipos de empresas, de trabalhadores, de turnos de trabalho.
Sindicatos e política sindical.
Admissão e demissão, salários e benefícios.
Identificação de algumas indústrias instaladas no Brasil: pesada, química, têxtil, montadoras.

B1 Estudando a língua

São tratados os seguintes itens gramaticais:
* **Verbos:**
  — Futuro do Subjuntivo dos verbos regulares e irregulares- formação e emprego
  — Perfeito composto do Indicativo - formação e emprego
  — Perfeito composto do Subjuntivo - formação e emprego
* Orações condicionais com "se"

B2 Aplicando o que aprendeu

Futuro do subjuntivo
a) Dê a forma do futuro do subjuntivo.
Exemplo: chegar (eles chegaram) **quando eu chegar**
1. (eles compraram) - comprar
2. (eles procuraram) - procurar
3. (eles conheceram) - conhecermos
4. (eles cresceram) - crescerem
5. (eles foram) - for
6. (eles vieram) - vierem
7. (eles souberam) - souber
8. (eles quiseram) - quiserem
9. (eles viram) - virmos
10. (eles puseram) - puser

b) Complete com o futuro do subjuntivo simples ou composto.
Exemplo: (ir) Amanhã, quando vocês **forem** ao banco, peçam todas as informações.
1. _for_ 2. _saírem_ 3. _tivermos recebido_
4. _quiser_ 5. _estiver_ 6. _virmos_
7. _puder_ 8. _tiverem feito_

c) Passe as frases para o futuro.
Exemplo: Nós assistimos à televisão, quando temos tempo.
Nós assistiremos/vamos assistir à televisão, quando **tivermos** tempo.
1. _Eles nos visitarão quando vierem a S. Paulo._
2. _Todo mundo vai ficar feliz quando tiver trabalho._
3. _Eu sairei logo que eles chegarem._
4. _Eu vou ficar contente quando receber o certificado no fim do curso._
5. _Eles sempre vão trocar idéias quando tiverem problemas._
6. _Ele aparecerá, logo que eu entrar na sala._
7. _Nós começaremos a construção assim que o contrato for assinado._
8. _Eu agüentarei enquanto tiver paciência._

Orações condicionais com "se"

a) Faça a frase completa, usando o futuro. Depois, transforme-a, como no exemplo.
Ter tempo/ fazer o trabalho
Amanhã, se eu **tiver** tempo, **farei** o trabalho.
Agora, se eu **tivesse** tempo, **faria** o trabalho.
Ontem, se eu **tivesse tido** tempo, **teria feito** o trabalho.
1. No futuro, se eu _me esforçar, receberei uma boa promoção._
Agora, _se eu me esforçasse, receberia uma boa promoção._
Ontem, _se eu tivesse me esforçado, teria recebido uma boa promoção._
2. No futuro, se o país _expandir seus mercados, haverá mais oferta de emprego._

Agora, se o país expandisse seus mercados, haveria mais oferta de emprego.
Ontem, se o país tivesse expandido seus mercados, teria havido mais oferta de emprego.
3. No futuro, se eles mandarem o currículo, receberão boas propostas de trabalho.
Agora, se eles mandassem o currículo, receberiam boas propostas de trabalho.
Ontem, se eles tivessem mandado o currículo, teriam recebido boas propostas de trabalho.
4. Amanhã, se nós explicarmos o problema, os funcionários não criarão confusão.
Agora, se nós explicássemos o problema, os funcionários não criariam confusão.
Ontem, se nós tivéssemos explicado o problema, os funcionários não teriam criado confusão.
5. Amanhã, se você ler o aviso, não fará bobagem.
Agora, se você lesse o aviso, não faria bobagem.
Ontem, se você tivesse lido o aviso, não teria feito bobagem.

b) Faça como no exemplo.
Ele não **vem,** porque não **quer.**
Se quisesse, ele **viria.**
1. Se soubesse, ele falaria.
2. Se coubesse na pasta, nós traríamos o dicionário.
3. Se tivessem dinheiro, eles poriam gasolina.
4. Se conhecessem o caminho, eles iriam à festa.
5. Se gostasse do ator, eu iria ver este filme.
6. Se prestasse atenção, eu não cometeria erros.

c) Faça como no exemplo.
Ele **caiu** no buraco porque não **viu** a placa de advertência.
Se **tivesse visto,** não **teria caído.**
1. Se tivesse ouvido, eu teria trazido.
2. Se tivéssemos sabido, teríamos esperado.
3. Se tivessem visto, não teriam ido embora.

106

4. Se não tivesse feito, teria aumentado os salários.
5. Se o computador não tivesse quebrado, ele teria entregue o relatório.
6. Se tivéssemos enviado dentro do prazo, não teríamos perdido a chance.

d) Complete com o imperfeito do subjuntivo ou com o futuro do subjuntivo, de acordo com o sentido.

O diretor para o jornalista:
conseguir / fizermos / tivéssemos / sairmos

Perfeito Composto do Indicativo
Complete as frases, empregando o perfeito composto do indicativo.
1. tem feito   2. tem visto   3. tem aberto
4. tem vindo   5. temos viajado   6. tem estudado

Perfeito Composto do Subjuntivo

Responda às perguntas. Siga o exemplo.
a) Ela foi ao teatro?
Não sei, duvido que tenha ido.
1. Não sei, duvido que tenha trazido.
2. Não sei ,duvido que tenha dado.
3. Não sei, duvido que tenha lido.
4. Não sei, duvido que tenham tido.
5. Não sei, duvido que tenham declarado.

b) Ela perdeu a chance?
Não sei, é possível que tenha perdido.
1. Não sei, é possível que tenha concordado.
2. Não sei, é possível que tenham vindo.
3. Não sabemos, é possível que tenhamos feito.
4. Não sei, é possível que tenha diminuído.
5. Não sei, é possível que tenham feito.

C1 Trocando idéias

Discutir com o aluno o impacto da Internet e do mercado virtual sobre a economia mundial e o resultado da pesquisa realizada com executivos de diversas empresas sobre o ritmo acelerado das mudanças.
Importância da comunicação na gestão empresarial.
As oportunidades de trabalho para os brasileiros jovens.

C2 Chegando lá

Ampliar a discussão sobre a Internet e a revolução que operou na área de turismo.
Estimular também a discussão sobre os setores da economia que empregam mais, atualmente, no seu país de origem.
Levar o aluno a falar sobre a dimensão do problema do desemprego, em seu país. Se existe ou não equilíbrio entre oferta e demanda.

3.15. Unidade 15 - Conquistando seu espaço

Idéias básicas:

O Brasil no cenário econômico mundial, possibilidades e desafios.
O jeito brasileiro de trabalhar e de fazer negócios.
Os vários perfis do executivo brasileiro.
Como trabalhar em harmonia com os brasileiros.
O Brasil na América do Sul - liderança política e econômica.

A1 Pensando sobre o assunto

Propor a reflexão e discussão dos seguintes aspectos:
— o papel do Brasil na América Latina;
— os desafios da globalização;
— as reformas na economia brasileira, lentas, mas, na direção certa.

A2 Lendo o texto

O texto " O Brasil tem futuro" discute a relativa estabilidade econômica do Brasil, sua liderança no processo de integração regional graças a uma série de medidas e sua consolidação como país democrático.

Destacar as razões de uma posição relativamente boa e segura: razões sociais, profissionais, políticas, culturais.

Dificuldades do texto:

— **gramaticais** - voz passiva: as empresas estrangeiras **são atraídas**...

— **de vocabulário** - destacar a importância da palavra **entretanto** no início da 2a. coluna (Livro-Texto, página 223), com idéia de oposição.

A3 Voltando ao texto

a) Relacione.

(1) demanda crescente de consumo interno

(4) mudança nas taxas de exportação

(2) melhoria da infra-estrutura

(3) liderança do Brasil

(3) processo de integração regional

(5) estabilidade das instituições

(4) capacidade de exportar

(1) mercado interno integrado por novos consumidores

(5) caminho democrático

(2) investimentos em transportes, comunicações, energia, saúde

b) Responda, de acordo com o texto.

1. R. rápida: Demanda crescente de consumo interno; esforço de privatização; melhoria da infra-estrutura.

R. completa: Os fatores que contribuem para atrair os investidores estrangeiros são: a demanda crescente de consumo interno, o esforço de privatização, a melhoria da infra-estrutura.

2. R. rápida:		Transportes, comunicações, energia, educação e saúde.
R. completa:		Os setores privilegiados pelas políticas públicas são os de transportes, comunicações, energia, educação e saúde.
3. R. rápida:		Para competir no mundo globalizado.
R. completa:		O Brasil precisa exportar mais para poder competir com outras economias no mundo globalizado.
4. R. rápida:		Modo de pensar ocidental; uma só língua; estabilidade das instituições, etc.
R. completa:		O Brasil oferece algumas vantagens: modo de pensar ocidental; uma só língua; estabilidade das instituições; ausência de guerra e conflitos religiosos ou étnicos.

A4 Dialogando

Os diálogos deste item, apresentados sob o título "O brasileiro: seu jeito de viver, de trabalhar e de fazer negócios", chamam a atenção para alguns aspectos da maneira de ser do brasileiro em suas relações pessoais e de trabalho. Fazem, por assim dizer, um "balanço" da conduta do brasileiro.

O professor poderá, antes de trabalhá-los, dialogar com o aluno, pedindo sua opinião pessoal sobre o brasileiro.

Intenções de fala:
Relatar o que ouviu

A5 Ampliando o vocabulário

Vocabulário referente a trabalho dentro das empresas: trabalho em equipe, níveis hierárquicos, ambiente profissional, técnicas de administração, modelos de gestão.

Explicar o significado da expressão:

— **jogo de cintura**: flexibilidade, capacidade de adaptar-se às situações mais diversas.

B1 Estudando a língua

Aqui são tratados os seguintes itens gramaticais:
- Regência verbal
- Regência nominal
- Voz ativa e voz passiva
- Discurso direto e indireto: declaração, interrogação, ordem

B2 Aplicando o que aprendeu
Regência verbal

Complete com uma preposição, se necessário, ou inutilize o espaço.

1. _x_ - _de_ - _em_ - _de_
2. _em_ - _x_ - _para_
3. _de_ - _x_ - _em_ - _para_
4. _a_ - _a_
5. _com_ - _em_ - _de_ - _x_

Regência nominal

Complete com uma preposição, se necessário, ou inutilize o espaço.

1. _de_ - _em_ - _a_
2. _a_ - _de_ - _de_ - _de_
3. _com_ - _com_ - _com_

Voz ativa e voz passiva

a) Passe para a voz passiva. Siga o exemplo.

O mercado brasileiro atrai investidores.
Investidores são atraídos pelo mercado brasileiro.

1. _Todas as classes sociais são beneficiadas com a estabilidade econômica._

2. _A integração regional é liderada pelo Brasil._

3. _As áreas econômicas são favorecidas pelas políticas do governo._

4. _O resultado da pesquisa não foi considerado por você._

5. _Uma bela viagem de negócios foi planejada por elas._

6. Os problemas da firma serão resolvidos por nós.
7. Poderes não são delegados pelo chefe.
8. O poder na empresa foi sempre centralizado por ele.
9. Os chefes não são criticados por seus subordinados.
10. O número de funcionários foi reduzido pela empresa.

b) Passe para a voz ativa. Siga o exemplo.
As secretárias foram convocadas pelo Diretor Geral.
O Diretor Geral convocou as secretárias.
1. Nossa empresa implantará o planejamento estratégico.
2. O RH avaliou o desempenho dos funcionários.
3. Escolheram um brasileiro para um estágio na matriz americana.
4. Um clima psicológico positivo favorece o trabalho em equipe.
5. Divergências culturais criam muitas barreiras.
6. A criatividade da população compensou a falta de recursos.
7. Os estrangeiros consideram o brasileiro criativo.
8. A falta de chuva afetará a agricultura.
9. O aumento das exportações favorecerá a indústria brasileira.
10. Pesados impostos prejudicavam as atividades comerciais.

c) Complete com o tempo adequado dos verbos, na voz passiva
Siga o exemplo. (avaliar)
Os resultados do novo plano ainda não foram avaliados.
1. foram divulgados   2. é atraído
3. é consultado   4. serão beneficiados
5. são estabelecidas   6. seremos transferidos
7. eram discutidos   8. são analisados
9. será mantido   10. é vista

Discurso direto e indireto

a) Complete as frases.

Discurso direto/Discurso indireto

1. está cansado
2. vão fechar o negócio amanhã
3. nós queremos conhecer a cidade
4. eu fui ontem
5. não fechar esse negócio
6. dirigir mais devagar
7. ser paciente
8. eles saíram mais cedo
9. se vou embora
10. por que não saem de férias

b) O que Ernesto está dizendo?

Diálogo nos balões (Livro-Texto, página 236)

Ernesto está dizendo para Pedro que o Brasil não ganhará esse jogo, porque o futebol, hoje, é só política.

c) Leia novamente o diálogo. O que Ernesto disse?

Ernesto disse para Pedro que o Brasil não vai ganhar esse jogo, porque o futebol, hoje, é só política.

(Mais tarde)

Diálogo nos balões (Livro-Texto, página 237)

d) O que Pedro perguntou? O que Ernesto respondeu?

Pedro perguntou se Ernesto tinha visto o jogo.

Ernesto respondeu que tinha visto, mas que não tinha mudado de opinião.

(No dia seguinte)

O comentário de Ernesto (página 237)

O que Ernesto comentou, no dia seguinte?

Ernesto comentou que talvez o futebol fosse para o povo a coisa mais importante, mas que era pena que algumas pessoas vissem nele apenas um grande negócio.

C1 Trocando idéias

O Brasil na América do Sul

Discutir a situação privilegiada do Brasil, por suas dimensões e fronteiras com quase todos os países da América Latina

Responda

R.: Pelo espaço físico que ocupa, fazendo fronteira com quase todos os países da América do Sul, e pela liderança política e econômica no continente.

2. R.: É o único país a falar português, num mundo espanhol.

3. Questão aberta

Estimular o aluno a dar sua opinião sobre o papel do Brasil na América Latina.

O Brasil no Mercosul

Discutir o papel do Brasil no processo de globalização e da consolidação do Mercosul.

Responda, de acordo com o texto.

R.: Dada a globalização, as relações internacionais estão sendo marcadas, cada vez mais, pelas relações entre blocos.

R.: Porque os governos têm procurado estabelecer parcerias.

3. R.: Não. O Mercosul tem atraído o interesse também da União Européia.

C2 Chegando lá

As questões propostas neste item abrem a discussão para a importância dos blocos comerciais, face à globalização da economia mundial.

Permitem ao aluno dar a sua visão desse problema, explicar as características da economia de seu país e seu papel na economia mundial.

3.16. Avaliação e Revisão

A cada cinco unidades é proposta uma avaliação, visando ao autocontrole da aprendizagem.
Para as primeiras cinco unidades, a avaliação é feita unidade por unidade, considerando-se o grau inicial do aluno e o objetivo de assegurar-lhe um controle mais fácil e preciso. Para as demais, a avaliação leva em consideração o conjunto dos itens estudados (da 6ª. à 10ª. e da 11ª à 15ª.) Para o professor, a avaliação é um instrumento que permite identificar as principais dificuldades dos alunos e reorientar a aprendizagem, no sentido de esclarecer dúvidas, rever vocabulário e determinadas estruturas gramaticais, reforçar conhecimentos.
A cada avaliação o professor deverá orientar o aluno a consultar novamente este ou aquele item, a ouvir a gravação deste ou daquele texto, diálogo, exercício, a consultar o material de fonética, o apêndice gramatical, antes de passar ao estudo das unidades seguintes.

PRIMEIRA AVALIAÇÃO - Unidades 1 a 5

Unidade 1 - Chegando
Compreensão de texto – Frases interrogativas
a) **Leia o texto.** (Livro-Texto, página 73)
O texto, curto e simples, propicia trabalhar a compreensão a partir do exercício de frases interrogativas.

b) **Usando as interrogativas - *com quem, como, qual, quando, o que, onde*, faça as perguntas, de acordo com as respostas.**
1.   Com quem Daniel vai para os Estados Unidos?
2.   Como eles vão para os Estados Unidos?
3.   Como eles vão para as Bahamas?
4.   Qual a duração do estágio?

5. O que Daniel vai fazer em Miami?
6. Onde ele vai descansar uma semana?
7. Quando eles voltam para o Brasil?

Verbos
a) Complete com os verbos *ser, ter ou ir,* no presente do indicativo.
Carolina e Bernardo são / são - é / vão / são - têm / tem

b) Complete com os verbos *ir, gostar de, viajar*, de acordo com o sentido.
No fim de semana eu vou viajar / gosto de / gosta de / viaja - vai

Gênero e Número
Complete com as palavras necessárias e faça a concordância.
pai - advogado / mãe - advogada / um - novo - uma nova / O - competente / Sua - competente / dois - duas

Diálogos
Complete estes diálogos.
1. Natália e Frederico se encontram na porta da universidade.
- Oi, Natália. Tudo bem?
- Você vai ao Curso de Ciências?
- Você gosta de Matemática?
- Vamos ao cinema hoje à noite?
- E amanhã?
- Tchau, Natália.

2. A enfermeira de um consultório médico, ao telefone, marca uma consulta para o senhor Braga.
- Bom dia. É do consultório do Dr. Reis?
- Meu nome é Braga. Tenho uma consulta para hoje?
- Às quatro? Não dá. A senhora tem outro horário?

3. No departamento de Recursos Humanos.
- Qual o seu nome?
- Onde o senhor mora?
- Qual é sua profissão?
- O senhor tem filhos?/Quantos filhos o senhor tem?
- O senhor tem experiência?
- Por que quer trabalhar aqui?

Unidade 2 - Agendando a semana
Compreensão de texto

a) Leia o texto. (Livro-Texto, página 76)
O texto gira em torno do serviço interno de correspondência de uma empresa e de sua avaliação por um chefe de departamento.

b) Escolha a alternativa correta.
De acordo com o texto, O problema é que
    1. C   2. E   3. C   4. E

c) Certo ou errado?
O funcionário diz que
    1. E   2. E   3. C   4. E

O tempo
a) Complete as seqüências.

1. Segunda-feira	2. Primavera	3. Janeiro
Terça-feira	Verão	Fevereiro
Quarta-feira	Outono	Março
Quinta-feira	Inverno	Abril
Sexta-feira		Maio
Sábado		Junho
Domingo		Julho
		Agosto
		Setembro
		Outubro
		Novembro
		Dezembro

b) Responda em frases completas.
1. Que horas são?
a) (14:20) São duas horas e vinte da tarde. ou
São quatorze horas e vinte minutos.
b) (12:00) É meio-dia. ou São doze horas.
c) (17:30) São cinco e trinta da tarde. ou
São dezessete horas e trinta minutos.
d) (19:45) São quinze para as oito da noite. ou
São dezenove horas e quarenta e cinco minutos.
e) (21:50) São dez para as dez da noite. ou
São vinte e uma horas e cinqüenta minutos.
f) (01:00) É uma hora da manhã.

c) Examine esta agenda e responda em frases completas. (Livro-Texto, página 78)
1. A reunião é às oito horas.
2. A visita à fábrica é às 10 horas e quinze minutos.
3. O almoço na fábrica é ao meio-dia.
4. A entrevista aos jornais é à uma e meia da tarde.
5. A volta a S. Paulo é às dez para as quatro da tarde.
6. O coquetel no Clube Brasil é às dezenove horas.

d) Examine esta agenda e complete as frases.
(Livro-Texto, página 78)
1. às oito e meia.
2. das oito e meia às onze e meia.
3. das onze e meia à uma da tarde.
4. da uma às quatro horas da tarde.

Verbos
Ser # estar
a) Complete com o verbo adequado.
1. é   2. estou   3. vai estar
4. é / é   5. são - estão

118

b) Complete com os verbos na forma adequada.
1. recebem   2. escrevemos - escreve
3. vão vender   4. quer - quero
5. queremos - querem
6. pode - podem   7. podemos - podem

Possessivos
Complete com *meu, meus, minha, minhas, nosso, nossos, nossa, nossas*, de acordo com o sentido.
1. minha - meu   2. nossos
3. Nossa - Nosso - nossos   4. Meus - minhas

Unidade 3 - Almoçando com o diretor
Compreensão de texto
a) Leia o texto. (Livro-Texto, página 80)
O texto fala dos hábitos de alimentação no Brasil e das influências indígena, africana e européia, conforme a região.

b) Certo ou errado?
De acordo com o texto,
1. E   2. C   3. E   4. E   5. C   6. C
Aqui também se pode chamar a atenção do aluno para as afirmações genéricas e as parcialmente corretas. A afirmação 3., por exemplo, faz uma generalização: A influência italiana é muito grande principalmente em S. Paulo e, não, em todo o Sudeste.
A afirmação 4. é parcialmente correta: o tipo de população e não a extensão territorial é que determina o tipo de alimentação.

c) Relacione.

Local	Influência	Comida
Centro-Oeste	regional	peixe
Sul	regional	carne
Norte	indígena	milho, mandioca
São Paulo	européia	massas, tomate
Nordeste	africana	pimenta

Diálogos

Complete os diálogos.

1. Convidando para almoçar
- Quero convidar você para almoçar comigo.
- No próximo sábado.

2. Fazendo o pedido no restaurante
Este diálogo admite várias respostas, dependendo da preferência de cada aluno quanto à alimentação. Respostas possíveis:
- Aceito. Gosto muito de caipirinha / - Não, obrigado.
- Sim. Uma salada mista / - Sim. Um creme de aspargos.
- Um filé-mignon /
- Ao ponto, com pouco sal / - Bem passado, com sal.
- Batatas fritas / - Legumes
- Doce de abóbora / - Pudim de caramelo / - Sorvete.

Caso o aluno tenha dificuldade de completar este diálogo, o professor pode sugerir que ele volte ao Livro-Texto e consulte o **Cardápio** apresentado na **Unidade 3**, página 30.

Verbos

Complete com os verbos na forma adequada.
1. faço - digo - faz
2. fazem - dizem - fazemos
3. vamos fazer
4. vai dizer
5. preferem - prefiro - prefere
6. vai haver - vai haver

Estar com

Complete com estar com pressa, com sono, com fome, com sede.
1. estou com sede - estou com fome
2. estamos com pressa
3. estou com sono

120

Demonstrativos
Complete com *este, estes, esta, estas, isto*:
Este - Esta - isto
Estas - estes
isto - Este

Possessivos
Pergunte à Camila onde está ou estão:
1. Camila, onde estão seus pais?
2. Camila, onde está seu carro?
3. Camila, onde estão seus colegas?
4. Camila, onde estão suas amigas?
5. Camila, onde está sua filha?

Antes (de), depois (de)
Complete com antes, antes de, depois, depois de.
Aos domingos, nosso almoço é assim: Antes de - depois
da / depois - antes

Números
Consulte o quadro (Livro-Texto, página 83) e dê a informação.
Escreva os números por extenso.
a) A distância entre:
Porto Alegre e Manaus é de quatro mil, quinhentos e sessenta e três km.
São Paulo e Salvador é de mil, quatrocentos e oitenta e seis km.
Rio de Janeiro e Porto Alegre é de mil, quinhentos e cinqüenta e três km.
Belo Horizonte e Brasília é de setecentos e dezesseis km.
Rio de Janeiro e Manaus é de quatro mil, trezentos e setenta e quatro km.

b) O Brasil tem aproximadamente um milhão e setecentos mil km de estradas asfaltadas e não asfaltadas.

Unidade 4 - Viajando a negócios
Compreensão de texto
a) Leia o texto.
É fácil viajar? (Livro-Texto, página 84)
Os problemas de viajar num país continental como o Brasil: distâncias, condições das estradas, meios de transporte, etc.

b) Certo ou errado? De acordo com o texto,
1. E   2. C   3. C   4. E   5. C

c) Dê sua opinião
As questões propostas são abertas. Admitem várias respostas, mais simples ou mais elaboradas, dependendo do nível de aprendizagem de cada aluno e de sua vivência no país.
O importante aqui é avaliar a capacidade do aluno de formular frases completas, fazendo a concordância necessária entre sujeito e predicado, dentro do assunto proposto.
Provavelmente, a maioria dos alunos que veio do exterior conhece pelo menos um aeroporto internacional: Guarulhos ou Galeão.
1. Respostas possíveis:
- Conheço o aeroporto internacional de São Paulo. / Conheço o Galeão, no Rio de Janeiro.
Os aeroportos do Rio de Janeiro e de São Paulo são bem aparelhados. São modernos.
Não é fácil obter informações na minha língua.
2. Esta questão exige do aluno, inicialmente, a compreensão do termo *interestadual*. Depende também da experiência individual. De qualquer maneira, pode-se imaginar que um estrangeiro a trabalho no Brasil tenha feito, pelo menos, uma viagem do tipo S. Paulo/Rio, S. Paulo ou Rio/Brasília, S. Paulo/Porto Alegre, S. Paulo/Belo Horizonte, S. Paulo/ Recife, etc. Sendo assim, não será difícil falar de, ao menos, um vôo interestadual.
Aqui, como na questão anterior, o importante é avaliar a capacidade de compreensão e de expressão escrita.

Verbos

a) Passe o texto para o perfeito. (Livro-Texto, página 85)
De 5 a 10 de maio, participei de um Congresso sobre economia, em Brasília. Enviei um resumo de meu assunto sobre o "Jogo das Bolsas de Valores". Decidi o dia da minha viagem depois de ter falado com meu chefe.

b) Passe o texto da questão anterior novamente para o perfeito. Mas agora, comece assim:
De 5 a 10 de maio, Valter ...
participou de um Congresso sobre economia, em Brasília. Enviou um resumo do seu assunto sobre o "Jogo das Bolsas de Valores". Decidiu o dia da sua viagem, depois de ter falado com seu chefe.

c) Redija um pequeno texto, de acordo com as informações abaixo, empregando: hoje, ontem, anteontem, amanhã, depois de amanhã.
Gabriel Soares, diretor de Marketing, prepara uma viagem (Livro-Texto, página 85)
O importante aqui é o uso adequado dos tempos verbais com os advérbios de tempo, de acordo com a idéia de presente, passado, futuro. Espera-se que o aluno empregue o futuro imediato. Mas nada impede que ele empregue o futuro do presente, caso já o conheça.
Hoje, 22/2, 4ª.-feira vou (irei) a Curitiba. Vou tomar (tomarei) o avião às 19h00. Agora, às 10h00 da manhã, vou ler o relatório da produção. Anteontem, 20/02, 2ª.-feira, conheci o presidente do grupo "Tele Star", em São Paulo. Ontem, 21/02, 3ª.-feira, decidi quais os pontos mais importantes para apresentar na reunião. Amanhã, 23/02, 5ª.-feira, e depois de amanhã, 24/02, 6ª.-feira, vou dizer (direi) quais as vantagens dos produtos da Telecomsat e vou insistir (insistirei) no bom preço das peças.
Nesse mesmo dia, 24/02, 6ª.-feira, vou voltar (voltarei) a São Paulo, pelo vôo das 16h00.

Complete as frases com *todo, todos, toda, todas, tudo.*
1. _toda_ 2. _todos_ - _todas_ - _tudo_
3. _Toda_ 4. _todos_   5. _tudo_

Passe para o plural.
(Livro-Texto, página 86)
Estamos felizes com o resultado do trabalho. Nossos colaboradores são bons profissionais, capazes e muito dedicados. Nossas atividades não são fáceis, mas os resultados são sempre bons.
Nas nossas pastas, além de papéis, temos sempre nossos documentos pessoais, talões de cheques e cartões de crédito.

Unidade 5 - Procurando casa
Compreensão de texto
a) Leia o texto. (Livro-Texto, página 87)
O texto trata dos problemas enfrentados pelos locatários de apartamentos, quanto a taxas de condomínio e aluguéis.

b) Certo ou errado?
1. E   2. E   3. C   4 E   5. C

c) Relacione.

proprietário	locador
inquilino	locatário
apartamento	condomínio
prefeitura	imposto predial
aluguel	contrato

Comparando anúncios de imóveis
a) Leia os anúncios.
(Página 88 do Livro-Texto)
Os anúncios selecionados procuram dar uma idéia da variedade do mercado imobiliário brasileiro e das condições de venda mais comuns.

b) Os três anúncios de imóveis oferecem

facilidades de pagamento	não
suíte	sim
depósito privativo	não
piscinas	não
mais de uma vaga na garagem	não
closet	sim

c) Complete o texto, usando o comparativo.

1. menor do que   2. mais numerosas do que
3. tão boas quanto   4. menos ampla do que

Verbos

a) Complete com os verbos *ser, estar, ter, ir ou fazer,* no perfeito.

1. fui   2. esteve   3. fizemos
4. foram - foram   5. tive - tiveram
6. foram - tivemos

b) Complete com *ter de* ou *acabar de,* conforme o sentido.

1. acaba de   2. têm de
3. tem de - acaba de
4. acabam de - têm de   5. têm de - acaba de

Preposições

a) Complete com *por, pelo, pela pelos* ou *pelas*

1. por   2. Pelos
3. por - pelas - por - pelo - pela
4. por - pelo

b) Complete com *longe de, atrás de, fora de, embaixo de* ou *entre,* conforme o sentido.

1. longe da   2. fora do   3. Embaixo da
4. entre   5. atrás do   6. longe da
7. Fora de

SEGUNDA AVALIAÇÃO – Unidades 6 a 10

Compreensão de texto

a) Leia o texto.

A moda entra em cena (Livro-Texto, página 161)
Evolução da moda a partir da Idade Média. Passagem de distintivo grupal para uma forma de auto-expressão.

b) Certo ou errado? De acordo com o texto
1. E   2. C   3. E   4. C   5. E
Esta questão permite a discussão, com os alunos, de texto e contexto.
A afirmação 3, por exemplo, é correta do ponto de vista gramatical e semântico. Exprime uma opinião sobre as roupas. Mas, não é correta quanto ao contexto. Em "A moda entra em cena" não se discute se as roupas **devem** ser funcionais, práticas. Fala-se que além de funcionais, as roupas eram fonte de divertimento e prazer.

c) Responda.
1. R. rápida: Uso de botões; ascensão da burguesia; auto-expressão.
   R. completa: Os fatores que contribuíram para a mudança do vestuário foram: o uso de botões para ajustar as roupas; a ascensão de uma nova classe rica, a burguesia; a passagem de distintivo grupal para uma forma de auto-expressão.
2. R. rápida: Usaram para ajustar as roupas.
   R. completa: Os alfaiates usaram os botões para ajustar as roupas ao corpo, acentuando as diferenças entre homens e mulheres.
3. R. rápida: A burguesia.
   R. completa: A classe social que passou a vestir-se como a nobreza foi a burguesia.
4. R. rápida: Uma variação dos trajes nacionais.
   R. completa: Antes da Idade Média, o vestuário era uma variação de trajes nacionais.
5. Questão aberta.
Estimular a descrição de estilos, tipos de tecidos, cores, etc.

d) Relacione.

trajes nacionais	distintivo grupal
sapatos pontiagudos	modismo
mudança rápida da moda	desejo de conservar o status
	entre os nobres
artesão da moda	costureiro
moda da Idade Média	
em diante	forma de auto- expressão

Vocabulário

a) Relacione as palavras da 2ª. coluna com as da 1ª., de acordo com o sentido.

(1) marcar	(9)	fora
(2) viajar	(8)	hora marcada
(3) pedir	(1)	uma reunião
(4) reservar	(11)	o contrato
(5) tomar	(7)	uma fotografia
(6) procurar	(10)	com fome
(7) tirar	(3)	o cardápio
(8) ter	(5)	uma injeção
(9) almoçar	(2)	a negócios
(10) estar	(6)	casa
(11) assinar	(12)	regime
(12) fazer	(4)	um vôo

b) Relacione os antônimos.

(1) confirmar	(2)	estar livre
(2) ter compromisso	(4)	chegar
(3) fazer bem à saúde	(5)	atrasado
(4) partir	(1)	cancelar
(5) adiantado	(3)	fazer mal à saúde
(6) marcar	(6)	desmarcar

c) **Agrupe as palavras da 2ª. coluna, de acordo com as categorias indicadas na 1ª. coluna.**

(1) cidade   a Prefeitura - o bairro - o calçadão - a periferia

(2) trânsito   a zona azul - a hora do rush - estacionamento proibido - contramão

(3) comércio local   o armarinho - a sapataria - a papelaria

(4) alimentação   a lanchonete - a refeição - a cantina

(5) moradia   o inquilino, o locatário - o zelador - o vizinho - o condomínio

d) **Agrupe as palavras da 2ª. coluna por categorias, como na questão anterior.**

(1) esportes   o time - a torcida - o estádio - o vôlei - o campeonato

(2) saúde   o estresse - a pressão alta - o colesterol

(3) vestuário   o terno - o vestido - o agasalho - o algodão - a gravata

(4) vida econômica   os investimentos - o imposto de renda - o Procon

Tempos verbais

a) **Passe para o Presente do Indicativo.**

1. Os jovens não se vestem como os adultos.
2. As roupas são fonte de divertimento e prazer.
3. A moda existe para todos, ricos e pobres.
4. Todos querem estar na moda.
5. Idéias novas trazem novos hábitos.
6. Eu sempre me visto assim.
7. Eu não faço distinção entre estilos de roupas.
8. Eu não posso aceitar esses modismos.
9. Eu sempre trago novas idéias.
10. Nós somos pelas roupas práticas, funcionais.

b) Complete com o Presente do Indicativo.
1. _vem_ - _venho_   2. _ponho_ - _põe_
3. _trago_ - _traz_   4. _visto_ - _veste_
5. _ouvem_ - _ouço_   6. _pedem_ - _peço_
7. _posso_ - _sinto_   8. _saio_ - _leio_
9. _meço_   10. _minto_ - _digo_ - _sinto_

c) Complete com o Pretérito Perfeito do Indicativo.
1. _foi_ - _fui_   2. _quiseram_ - _quis_
3. _pôde_ - _pude_   4. _fiz_ - _fez_
5. _disse_ - _dissemos_   6. _trouxe_ - _trouxeram_
7. _veio_ - _veio_ - _vim_ - _vieram_
8. _pus_ - _pôs_ - _pôs_ - _puseram_
9. _viu_ - _vi_ - _viu_
10. _souberam_ - _soube_

d) Complete com o Mais-que-perfeito composto Siga o exemplo.
(falar) Ele não falou nada porque ela já tinha falado.
1. _tinha feito_   2. _tinha dito_   3. _tinha vindo_
4. _tinha posto_   5. _tinha visto_   6. _tinha escrito_
7. _tinha pago_   8. _tinha aberto_

e) Responda às perguntas abaixo, na forma afirmativa.
- _Vi, sim._
- _Li, sim._
- _Pus ,sim._
- _Soube, sim._
- _Pude, sim._
- _Fiz, sim._
- _Fui, sim._
- _Faço, sim._

Uso dos tempos verbais
a) Complete com o tempo adequado.
Na semana passada, _estava_ / _tem_ / _fui_ / _tinha estado_
_É_ / _gostaria_ - _tinha planejado_ / _vamos passar_

b) Perfeito ou Imperfeito?
veio / _vi_ - _estava chovendo_ - _abri_ / _telefonou_ /
_ia_ - _tinha_ - _perdi_ / _foi_ / _trabalharam_ / _parou_ /
atendia - _ligava_ / _melhorou_ / _eram_ /

c) Perfeito ou Mais-que-perfeito?
1. _tinha recebido_   2. _tinha posto_
3. _fiz_ - _tinha feito_   4. _tinha dado_ - _dei_
5. _telefonei_ - _tinha saído_
6. _tinha escrito_

d) Coloque o texto abaixo na ordem correta, numerando as frases.
(1) Joaquim de Camargo viveu vários anos na mesma cidade e na mesma casa onde nasceu.
(4) Naturalmente, a vida aí seria mais difícil, mas ele achava também que seria mais confortável.
(2) Aliás, seus pais moraram aí até morrer.
(5) Como Joaquim já tinha trabalhado na Telefônica de sua cidade, não foi difícil entrar em contato com uma firma de Telecomunicações.
(3) Depois da morte de seus pais, mudou-se para Campinas.
(6) Suas expectativas para o futuro eram muitas, mas ele sabia que teria coragem para realizá-las.

Gênero
No texto abaixo, coloque as palavras entre parênteses na forma correta.
O brasileiro e a brasileira vistos pelos estrangeiros
(Livro- Texto, página 167)
... _alta_ - _baixa_ / _regulares_ / _escuros_ - _morena_ -
largos - _grossas_ / _alegre_ - _sorridente_ / _otimista_ -
boas / _alto_ - _média_ / _alegre_ / _sérios_ - _má_

Pronomes pessoais

Complete as frases com as formas adequadas dos pronomes pessoais, precedidas ou não de preposições. Faça as modificações necessárias.

1. para mim - me
2. lhe
3. nos - conosco
4. terminá-lo
5. comigo - me
6. me - para mim
7. devolvê-la

Pronomes indefinidos

Complete com os pronomes alguém/ninguém/ nenhum/nenhuma/todo(s),toda(s)/tudo/nada/algum/ alguma/alguns/algumas.

Seu Francisco vai se aposentar... (Livro-Texto. Página 168)

Nenhuma - nenhum / alguma / Ninguém - nada
Algum / Nenhum / todas / Tudo /

Mais tarde

... todos

AVALIAÇÃO FINAL – Unidades 11 a 15
Compreensão de texto
Leia o texto.

Metalúrgica veste macacão e monta caminhões em SP
(Livro-Texto, página 239)

O depoimento de Carla, que trabalha numa linha de montagem de caminhões, sobre o seu desempenho profissional e seu salário.

b) Responda, de acordo com o texto.

1. R. rápida: Metalúrgica. Linha de montagem de caminhões da Ford.
R. completa: Carla é metalúrgica. Trabalha na linha de montagem de caminhões da Ford.
2. R. rápida : Com orgulho.
R. completa: Carla adora seu trabalho e tem orgulho de ser metalúrgica.

131

3. R. rápida: Está. Seu salário é mais alto do que o de muitos homens.

R. completa: Está. O salário de Carla é mais alto do que o da maioria de seus vizinhos e parentes homens e, com certeza, maior do que o de qualquer uma de suas amigas que trabalham no comércio ou como secretárias.

4. a) Transcreva, a seguir, duas frases do texto em discurso direto:

Todos se espantam com a minha profissão, mas sem preconceito.

Tudo teria sido mais fácil.

b) Transforme as frases escolhidas em discurso indireto. Comece assim:

Carla afirmou que todos se espantavam com a sua profissão.

Disse que tudo teria sido mais fácil.

Discurso direto e indireto

a) Complete as frases, usando os verbos nos tempos adequados.

Discurso direto (Livro-Texto, página 240)

Discurso indireto

1. Ele nos perguntou se fomos ao Rio de carro.
2. Ele perguntou a Mônica onde estavam as passagens.
3. Ela me pergunta por que não vamos de metrô.
4. Ele lhe pede que não seja tão modesta.
5. Ele me pediu para que eu lesse o contrato.
6. Ela pergunta onde será o jantar.
7. Ele perguntou se alguém tinha visto sua agenda.
8. Ele afirmou que o Brasil será campeão.
9. Ele perguntou onde nós deixávamos o carro.
10. Ela me pergunta por que Rui não veio comigo.

b) Leia o diálogo.
(Livro-Texto, página 241)

Passe para o discurso indireto, usando o verbo introdutório no presente.
O economista afirma que quando o Brasil cumprir todas as metas econômicas, resolverá todos os problemas sociais. O sociólogo diz que não crê. Diz que a solução dos problemas sociais não depende apenas da economia, depende principalmente de educação.

Passe para o discurso indireto, usando o verbo introdutório no passado.
O economista afirmou que quando o Brasil tiver cumprido todas as metas econômicas terá resolvido todos os problemas sociais. O sociólogo disse que não acreditava. Disse que a solução dos problemas sociais não dependia apenas da economia, dependia principalmente de educação.

Vocabulário

a) Relacione as palavras da 1ª. coluna com as da 2ª., de acordo com o sentido.

1. perder	(6) de rachar
2. as festas	(9) de viagem
3. excursão	(5) a negócios
4. filmes	(1) a chance
5. viajar	(8) nem outro
6. fazer um sol	(3) para o Pantanal
7. prestar	(7) um serviço
8. nem um	(10) férias
9. roteiro	(4) de bangue-bangue
10. tirar	(2) juninas

1. tocar	(9) da vida
2. fazer	(5) ordens
3. oferecer	(1) violão
4. impor	(8) uma nova situação
5. cumprir	(6) o dobro

6. ganhar	(7) um incêndio
7. apagar	(2) amigos
8. adaptar-se a	(3) mão-de-obra
9. esquecer-se	(4) sua opinião
10. de acordo com	(10) a lei

b) Relacione os antônimos

1. diferente	(5) diminuir
2. o paraíso	(2) o inferno
3. melhorar	(10) a desvantagem
4. a oferta	(6) a instabilidade
5. aumentar	(9) a dificuldade
6. a estabilidade	(4) a demanda
7. o chefe	(7) o subordinado
8. a maioria	(3) piorar
9. a facilidade	(1) igual
10. a vantagem	(8) a minoria

c) Agrupe as palavras das colunas, de acordo com as categorias indicadas no quadro.

(2) o estepe	(1) o roteiro de viagem
(1) a pousada	(3) a reportagem
(1) as cidades, históricas	(3) a novela
(2) o pedágio	(4) o escritor
(1) os lugares exóticos	(4) a Bahia colonial
(3) o locutor	(4) a pintura
(3) a assinatura	(4) a poesia
(2) o macaco	(3) a manchete
(4) o compositor	(1) o guia
(3) o ouvinte	(2) a buzina
(1) acampar	(4) o quadro
(3) o telespectador	(2) o volante
(2) o borracheiro	(2) o triângulo
(3) o programa de entrevistas	(4) o poema
(3) a imprensa	(4) a escultura
(5) o rodeio	(7) o Mercosul
(5) a procissão	(4) o violeiro
(6) a demissão	(6) o bóia-fria
(7) o mercado consumidor	(5) o forró

(5) o rojão e o quentão
(6) a qualificação
(7) o consumo interno
(7) as mordomias
(7) o investidor

(7) a globalização
(6) os benefícios
(7) as taxas
(6) o subemprego
(5) o desfile das escolas de samba

Uso dos tempos verbais
a) Uma nova secretária
Você precisa de uma nova secretária. Descreva ao funcionário do Departamento de Recursos Humanos o **perfil** da secretária que você está procurando. Use **todas** as orações e palavras do quadro. (Livro-Texto, página 243)
Questão aberta. Cada aluno poderá apresentar um perfil diferente, dependendo das atividades atribuídas à secretária.
A título e sugestão, segue o perfil abaixo:
Estou pensando em contratar uma nova secretária. Para facilitar seu trabalho, vou dizer o que eu quero. É importante que ela conheça informática. É necessário que tenha redação própria. Convém que, além de inglês, domine também espanhol. Eu desejo que ela se dedique também aos meus negócios particulares. É pena que minha secretária não possa mais continuar trabalhando aqui. Mas ela prometeu esperar até que a nova secretária seja escolhida, para que o trabalho do escritório não fique atrasado.

b) Imperfeito do Indicativo ou do Subjuntivo?
Complete o texto.
Ontem tive problemas com meu carro... estava / aparecesse / estava / pudesse / estava / era - fosse /

c) Complete a idéia. Siga o exemplo.
Hoje não é domingo.
Se hoje fosse domingo, eu poderia dormir até às dez.
Aqui também há possibilidade de várias respostas.

Sugestão:
1. Se eu tivesse, viajaria para a Europa.
2. Se ele viesse, poderíamos conversar sobre o novo sócio.
3. Se eles soubessem, já teriam tomado uma providência.
4. Se fizesse, muita gente iria para lá.

d) Você vai sair de férias. Deixe um bilhete para sua secretária, explicando-lhe o que deve fazer durante sua ausência. (Livro-Texto, página 244)
Cara Odila,
... chegar / houver / cuidar / puder - estiver / tiver

e) Faça como no exemplo.
Não sei se poderei ajudar. Se puder, será ótimo.
Não posso ajudar. Se eu pudesse, eu ajudaria.
Não pude ajudar. Se eu tivesse podido, eu teria ficado contente.
1. Se fizermos, será ótimo.
Se fizéssemos, a firma ficaria prejudicada.
Se tivéssemos feito, nossos sócios não teriam gostado.
2. Se fugir, não poderemos fazer nada.
Se ela não fugisse, poderíamos ajudá-la.
Se ela não tivesse fugido, teríamos podido ajudá-la.
3. Se couber, será ótimo.
Se coubesse, seria ótimo.
Se tivesse cabido, teria sido ótimo.

f) Responda à pergunta. Observe o exemplo.
Ele não está feliz ultimamente. Por quê?
(ter) Porque ele tem tido problemas com a esposa ultimamente.
Porque ultimamente tudo tem dado errado.
Porque' ele não tem visto os filhos.
Porque ele não tem ganho o suficiente para sustentar a família.

Pronomes relativos

a)Transforme as frases usando pronomes relativos.
1. Os funcionários da alfândega não aceitaram seu passaporte, que estava vencido.
2. Os executivos brasileiros, que são tão eficientes quanto seus colegas europeus, têm boa reputação.
3. Ela fala muito de Ricardo, que é seu colega de escritório.
4. A região do Nordeste, cujo clima é muito seco, tem problemas com a agricultura.
5. O Departamento de Recursos Humanos já tirou cópias dos documentos que foram traduzidos para o Português.

b) Complete com um pronome relativo.
1. cujos   2. quem   3. quem   4. que   5. que

c) Complete o texto abaixo com um pronome relativo, precedido ou não de preposição
(Livro-Texto, página 246)
... por que / de que / que / cuja / cujos /

Regência verbal e nominal

Complete com a preposição adequada, contraída ou não com um artigo, ou inutilize o espaço.
1. de   2. X   3. por - para os
4. a - para   5. de   6. com - do
7. X   8. de   9. a - a
10. do   11. de - à - em
12. de - X - ao - na - na
13. nas - de   14. em   15. com

137

Voz passiva

Leia o texto e passe as frases, que estão na voz ativa, para a voz passiva, fazendo as modificações necessárias.

(Livro-texto, página 247)

No Brasil, todas as decisões são tomadas pelo chefe. Tudo é decidido por ele e a opinião de seus subordinados não é muito ouvida. Ele nunca é criticado abertamente por estes. Talvez, no futuro, isto seja mudado pelas novas técnicas de trabalho.

4. Trabalhando com as ilustrações

Como explicitado inicialmente no capítulo referente à metodologia, no **Diálogo Brasil** as ilustrações têm um papel didático bem definido. Não são mero recurso editorial para tornar o texto mais agradável, mas atendem a dois objetivos básicos, enquanto elementos facilitadores da aprendizagem:

1) Contribuir para a identificação de objetos, lugares, situações e para a compreensão de significados e de estruturas gramaticais;

2) Arejar o texto, mediante elementos bem humorados, despertando a curiosidade e o interesse pelo assunto tratado.

Neste capítulo, são analisadas, uma a uma, as ilustrações de cada unidade, em função de sua importância no desenvolvimento do programa.

As ilustrações contidas em **A (A1, A2, A4** e **A5)** e em **C (C1** e **C2)** atendem ao primeiro objetivo e o professor deverá explorá-las nesse sentido.

As contidas em **B (B1** e **B2)** atendem, geralmente, ao segundo objetivo. No entanto, quando a ilustração em **B** é importante para o entendimento do conteúdo e para o desenvolvimento das estruturas gramaticais, em foco, deverá ser analisada.

Exemplo:
B1 - Unidade 7 - Página 114 - ir - vir
                                                      levar - trazer
Em **B2**, freqüentemente, as ilustrações sugerem a idéia a ser expressa com a utilização da estrutura gramatical em foco.

Exemplos:
Unidade 5 - Página 69 - Preposições de lugar.
Unidade 8 - Página 129 - Pretérito Imperfeito do Indicativo

Unidade 11 - Página 179 - Expressões impessoais referentes a clima
Unidade 11 - Página 181 - c) Numere de acordo com a situação.
1a. avaliação - Página 78 - Agenda
Página 83 - Números
Página 88 - Anúncios para a realização
de c), à Página 89

C1 e C2
Da mesma forma que em **B1** e **B2**, as ilustrações de **C1** e **C2** freqüentemente introduzem um elemento bem-humorado para abrandar a seriedade das questões propostas:
Unidade 2 - Página 26
Unidade 7 - Página 120
Unidade 8 - Página 134 (C1)
Unidade 11 - Página 182
Unidade 12 - Página 194
Unidade 13 - Página 208
Unidade 14 - Página 222
Unidade 15 - Página 238

Outras vezes, no entanto, as ilustrações de **C1** e **C2** permitem ao aluno visualizar melhor o problema a ser discutido ou fornecem mais elementos que permitirão a ampliação da discussão:
Unidade 3 - Página 42
Unidade 4 - Página 58
Unidade 5 - Página 71
Unidade 6 - Página 106
Unidade 8 - Página 134 (C2)
Unidade 9 - Página 150
Unidade 10 - Página 160

Unidade 1 - Chegando
A1 - Página 1
Manchetes - introdução ao assunto do texto em A2

A2 - Página 1
O professor localizará o estado e a cidade de São Paulo no mapa do Brasil à página 72. Em seguida, apontará Campinas e destacará sua importância para depois definir o conceito de "interior do estado"e "capital", explicando a grande diversidade de atividades econômicas e a qualidade de vida das cidades do interior paulista.

A5 - Página 3
O professor perguntará ao aluno: Para você é fácil entender nomes brasileiros por telefone? O que você faz quando não entende? Por que Robert, na ilustração, está nervoso? O que Jorge está fazendo?

Página 4
'Organograma'
O professor explicará cada um dos tópicos do organograma.

Unidade 2 - Agendando a semana
A1 - Página 13
"A agenda do empresário"
A ilustração permite ao professor introduzir o tema da unidade: para que serve uma agenda? Quais são os compromissos marcados na agenda? As fotos de helicópteros e avião sugerem as viagens do executivo e sua permanente falta de tempo.

Trabalhando com a agenda aberta, o professor poderá introduzir o vocabulário referente ao dia-a-dia do executivo: reunião, aula, correspondência, encontro, jantar. Poderá, também, destacar os dias da semana e o mês.

Página 14
O professor falará um pouco sobre Brasília, usando fotos das páginas 14 e 43.

A4 - Página 15

"Que horas são?"
O professor deverá explicar os elementos que compõem a ilustração: a agenda, o chefe, a secretária, a mesa de trabalho, o relógio.

"Pedindo informações"
FIESP – Federação das Indústrias do Estado de São Paulo
CIESP – Centro das Indústrias do Estado de São Paulo

A5 - Página 16

O professor pergunta:
Na agenda, o que você marca? Aproveitar, nas ilustrações, os elementos relacionados com a agenda.
Telefone – o que você faz, usando o telefone?
Material de escritório – O professor pedirá ao aluno para relacionar a palavra com o objeto.

Unidade 3 – Almoçando com o diretor

A1 - Página 27

A partir das ilustrações o professor conversará sobre restaurantes, sobre "comer fora". O que é "comer fora"? Cardápio do dia ou "à la carte"?

A2 - Página 27

A partir das ilustrações das páginas 27, 28 e 29, o professor dialogará com os alunos sobre os tipos de restaurante da preferência de cada um e explorará a foto do Restaurante Trópico de Capricórnio (Página 28) (restaurantes populares, por quilo, etc.)

A4 - Página 29

"Um convite para jantar"
Para introduzir o diálogo, o professor perguntará:
Jorge entra no escritório de Robert para quê?
"Fazendo uma reserva"
O que a secretária está fazendo? Com quem está falando?
Por que está telefonando?

"No restaurante"
O que Jorge está fazendo? O que seu amigo lhe sugere?
"Já escolheram?"
O que Jorge e o garçom estão fazendo?

A5 - Página 32
As ilustrações da página 33 são essenciais para o desenvolvimento de diálogos sobre tipos de bebida, de legumes, de temperos, de utensílios de mesa.
"Frutas", permite uma rica conversa não só sobre a grande variedade de frutas brasileiras, sobre preferências, mas também sobre climas diferentes dentro do Brasil, que propiciam a produção de tipos variados de frutas.

Unidade 4 – Viajando a negócios
A1 - Página 43
A partir das manchetes, o professor fará perguntas: Por que é bom para o governo criar indústrias em áreas pobres? Por que a Telecomsat está procurando novos mercados? Por que as empresas modernas precisam produzir mais, melhor e mais barato?

A2 - Página 43
O professor conversará com o aluno sobre Brasília, o centro de decisões do país, para onde os empresários se dirigem para discutir assuntos de seu interesse.

A4 - Página 44
O professor deverá preparar o aluno para o contato com o diálogo, dando-lhe uma visão geral do Brasil e de suas 5 regiões (mapas das páginas 44 e 45). Em seguida, destacará, em cada uma das regiões, os estados e suas capitais (mapa da página 72. Visão geral, e os mapas de cada região, às páginas 45, 46, 47, 48)

A5 - Página 49
"No hotel" – o professor aproveitará as ilustrações para usar o vocabulário.
"No banco"- O aluno relacionará as figuras com as palavras.

143

Unidade 5 – Procurando casa

A1 - Página 59

O professor fará o levantamento dos tipos de moradia indicados nas manchetes. Poderá, também, discutir o problema de segurança residencial a partir delas e conversar sobre as vantagens e desvantagens de morar em casa ou apartamento.

A2 - Página 59

Para introduzir o texto "Imóveis: a melhor escolha", o professor poderá valer-se das ilustrações à página 68.

A4 - Página 60

"Preciso alugar uma casa"
A partir da ilustração, o professor perguntará ao aluno: Onde Robert está? Com quem ele está falando? O que ele quer? O que faz uma imobiliária?
"Esta casa não dá"
O professor explorará as figuras, indicando os pontos negativos dos imóveis.
"Planta da casa"
Inicialmente, o professor explicará o vocabulário para depois aplicá-lo à imagem. Ele trabalhará, e muito, com o vocabulário para que o aluno o incorpore.

B1 B2

Ver observações à página 139 deste Manual.

C1 C2

Ver observações à página 140 deste Manual.

Unidade 6 – Conhecendo a cidade

A1 - Página 91

O tema da reportagem na televisão é a cidade de Campinas. Mostrando a proximidade de Campinas da cidade de São Paulo, o professor pedirá aos alunos que expliquem por que Campinas é importante, a partir das informações dadas no texto de A1.

A2 - Página 91

A fotografia de A2 poderá ser analisada pelo aluno, complementando as informações dadas em A1.

A4 - Página 92

"Você sabe onde fica a Prefeitura?"

O professor chamará a atenção do aluno para a expressão das personagens: um está confuso, o outro parece seguro de si.

Um pergunta, o outro explica:
- Você sabe onde fica a Prefeitura?
- Sei. Vi no mapa.

Página 93

"Não, não é aqui."

A partir da ilustração, explicar o que é passarela, diferente de ponte e viaduto. Introduzir as palavras **perigoso**, **perigosíssimo** na apresentação da ilustração: A passarela é necessária quando a rua é muito perigosa...

"Não sou daqui."

O professor apresentará a ilustração e perguntará por que a personagem verde não pode responder à pergunta do carteiro. A resposta do aluno deverá levar ao título: a personagem não é daqui da Terra.

A5 - Página 94

O aluno examinará as ilustrações e as ligará às palavras dadas:

- A carona: dar ou pedir carona a alguém.

Na ilustração à direita, o homem está dando ou pedindo carona?

- ir buscar os filhos na escola
- levar os filhos à escola

A moça, na ilustração à esquerda, está levando os filhos à escola ou foi buscá-los?

- O que o guarda à direita está fazendo? Por quê?

Sinais de trânsito – no fim da página. Essas ilustrações permitem uma boa conversa com o aluno:

Qual a diferença entre e ?

O que acontecerá se você estacionar em ?

Por que, em algumas ruas, há o sinal ?

B1 B2
Ver observações à página 139 deste Manual.
C1 C2
Ver observações à página 140 deste Manual.

C1 e C2 - Página 106
Como introdução ao texto, aluno e professor conversarão, a partir da foto, sobre as facilidades oferecidas por uma cidade grande em termos de conforto, lazer, oportunidades de trabalho, etc.
A ilustração de C2 apresenta Robert trabalhando tranqüilamente num cenário bucólico. Na prática, isso é desejável? É possível? Uma empresa estabelecida numa cidade pequena pode oferecer ambiente semelhante a este?

Unidade 7 – Saindo do flat
A1 - Página 107
Na ilustração, os amigos de Robert dão-lhe conselhos relativos a sua mudança iminente. O professor conversará com o aluno sobre o assunto. Na conversa, introduzirá palavras do texto de A2 (contratar, selecionar, etc)

A2 - Página 107
Por que tantas interrogações referentes ao conteúdo da caixa?

A4 - Página 109

"Um dia antes da mudança para a casa nova."
A ilustração apresenta objetos mencionados no diálogo.
Apresentá-los um a um.

Página 109

"No flat, no dia da mudança."
O aluno examinará a ilustração e tentará adivinhar o diálogo entre Robert e sua esposa.

Página 110

"No dia seguinte, na casa nova"
Na ilustração, Mônica está cansada e, parece, frustrada. O aluno tentará adivinhar o que aconteceu.

A5 - Página 110

O aluno examinará as palavras dadas e, em seguida, relacioná-las-á com as fotos. O material permitirá uma boa conversa sobre características das cidades brasileiras, sobre problemas sociais, sobre preferências pessoais em relação a moradia.

Página 111

O jardim zoológico enseja uma conversa interessante sobre parques – os parques de uma cidade, sobre o lazer possível ao ar livre.
"Formas'
Dê o nome de algo quadrado, redondo, etc.

B1 - Página 113

"Ir e vir/ levar e trazer"
Após a leitura dos diálogos, o professor analisará as ilustrações com o aluno e insistirá na localização das pessoas que falam porque é em relação a esse ponto (onde estão as pessoas no momento) que se define o uso de levar e trazer/ ir e vir.

Página 114

O professor insistirá na posição das flechas, que indicam levar ou trazer, de acordo com a posição das pessoas:
Trazer para onde ela está
Levar de onde ela está para...

Página 115
Um livrinho/ um papelzinho/ menina boazinha

C1 - Página 120
Visto o texto e estabelecida uma boa conversa sobre o tema, o professor e o aluno poderão examinar a ilustração:
Por que o helicóptero foi usado para colocar o piano de cauda dentro da casa. Como está sendo feita a operação?

C2 - Página 120
Onde Robert vai colocar os objetos da ilustração? O que ele tem na mão? Onde vai colocá-lo?

Unidade 8 – Cuidando do corpo e da mente
A1 - Página 121
Professor e aluno examinarão as manchetes das publicações. Há um elemento bem-humorado no nome delas:
Era – refere-se à revista Época
Olhe – à revista Veja
Isto foi – à revista Isto é
Notícia – à revista Manchete
A partir das manchetes professor e aluno falarão sobre estresse pessoal e profissional e sobre qualidade de vida. Examinando as ilustrações, pode-se comentar a ligação do velhinho que corre com o provérbio antigo que o acompanha e sobre a cabeça em forma de bomba na capa de Notícia.

A2 - Página 121
Depois de explorar a manchete do artigo, o professor poderá perguntar ao aluno o que está acontecendo no escritório apresentado na ilustração. Por que o funcionário que está em pé está contente?

A4 - Página 122
"Na loja"
O professor introduzirá o diálogo através da ilustração: Onde está Mônica? Quem é o rapaz? O que ele está fazendo? Por que Mônica está confusa?

Página 123
"Mais tarde, com uma amiga "
- Mônica e Marta conversam.
O que Marta tem em volta do pescoço? Por quê?
Ou ela está com frio ou com dor de garganta...
"Sexta-feira, à noite"
- Onde estão Mônica e Marta? O aluno sabe do aniversário de Robert e concluirá facilmente que a cena tem relação com a ocasião. A partir daí, professor e aluno poderão conversar: a panela grande indica o quê? Mônica vai oferecer um lanche ou um jantar? Mônica cozinha?

Página 124
"Convênio médico-hospitalar"
Aluno e professor poderão trocar informações sobre convênios e assistência médica em seus países. Com a ajuda do professor, o aluno poderá ler o texto do Bradesco Seguros e indicar as semelhanças e diferenças entre esse plano e o que tem em seu país. O aluno poderá, também, preencher os formulários que aparecem na ilustração.

A5 - Páginas 124-125
As ilustrações às páginas 124 e 125 trabalham com contrastes e são óbvias. O professor poderá, no entanto, ligar essas figuras (alto e magro/ baixo e gordo) a pessoas da moda, a pessoas excêntricas, a grupos de moda, etc.
Para a ilustração de tipos (loiro, moreno, etc.), aluno e professor poderão conversar sobre os tipos físicos característicos de determinados países (O japonês tem cabelos pretos, não é alto... Os ingleses... O brasileiro é, geralmente, moreno...)

Página 126
O aluno definirá as dores apresentadas nas ilustrações, antes de ler o texto.
- As duas fotos à entrada de um pronto socorro sugerem conversa sobre acidentes, males repentinos, etc. Que tipo de problema é atendido por ambulância? O serviço de emergência funciona bem em seu país? Como funciona?

B1 - Página 128

Preocupar-se: com o que se preocupa o pescador mais velho? Por que o pescador mais jovem não está preocupado? Conhecer-se – Essas pessoas se conhecem? Elas já se conheciam antes?

B2 - Página 129

As seis ilustrações (questão 1) estão ligadas aos cinco casos à página 127. O aluno deverá basear-se neles para realizar o exercício.

Página 131

As fotos do Estado da Paraíba prestam-se a uma aula de conversação:
- estilo da igreja, da praça com o monumento com crucifixo, as árvores
- a jangada: estilo de vida dos jangadeiros, o perigo que correm, etc.
- tipos de casas, estilo de construções
- paisagem natural, pavimentação antiga

Várias dessas descrições podem ser feitas no Pretérito Imperfeito: Antigamente, as casas eram...

C1 - Página 134

Por que a moça está tão nervosa? Leve o aluno a indicar várias outras situações semelhantes. Converse sobre o estresse que esses episódios causam. Conte alguns casos e peça ao aluno que conte outros.

Unidade 9 – Batendo bola

A1 - Página 135

Através da observação das figuras, o professor poderá estabelecer um bom diálogo com o aluno. Que personalidades ele conhece? O que sabe sobre elas? Qual delas é a mais famosa. Por quê? E a menos conhecida?

O assunto é rico e o professor pode se alongar nessa introdução, perguntando sobre o desempenho destes esportistas na atualidade, sobre sua popularidade, sobre qual o preferido do aluno e por quê.

Finalmente, o professor pode perguntar a razão do título desta unidade: Batendo bola.
- De todos os esportes aqui indicados qual deles é o mais popular no Brasil?

A2 - Página 135
"Os desafios do esportes no século XXI."
Antes de entrar no texto, o professor pode explorar seu tema:
- A figura da tocha olímpica é símbolo do quê?
- O que significa uma Olimpíada? Por que é importante?
Depois das respostas do aluno, o professor poderá trabalhar o texto.

A4 - Páginas 136 e 137
"Futebol no fim de semana"
As figuras mostram o emblema de alguns times de futebol e a escalação dos jogadores para um jogo.
O assunto de futebol no Brasil é quase interminável.
O professor poderá explicar a popularidade dos dois clubes aqui nomeados. A lista de clubes estará mais completa em A5 - Ampliando o vocabulário.
Curiosidade: O técnico do Palmeiras, Luiz Felipe Scolari '.'o Felipão", foi o técnico da seleção que ganhou o penta campeonato em 2002.

Página 137
"Uma paixão quase uma religião "
Por que um padre jogando bola?
(A figura do padre simboliza o amor quase religioso do brasileiro pelo futebol.)

Página 137
"Garrincha, a alegria do povo "
Além de Pelé, Garrincha brilhou no futebol, tanto no Brasil como em jogos no exterior, como atesta a manchete do jornal. Suas pernas tortas viraram lenda do futebol.
Simples e ingênuo, sua pessoa atraiu a atenção e a admiração das multidões. Infelizmente sua vida teve um fim melancólico por causa do alcoolismo. O professor pode se estender sobre essa personagem.

Página 138
"Ayrton Senna"
Ayrton Senna é nome que já faz parte da lista dos pilotos mais famosos do mundo. Sua morte trágica, aos 34 anos, na corrida de Ímola na Itália, jovem e famoso, transformou-o em lenda. Era chamado de *Le roi de Mônaco* por causa de suas inúmeras vitórias nesse circuito.

Página 138
"Esportes populares"
Neste diálogo, estão presentes os nomes mais recentes de esportes menos populares, como Guga - Gustavo Kuerten, jovem tenista bicampeão em Roland Garros, que popularizou o tênis entre nós, e de outros, um pouco mais antigos e talvez pouco conhecidos, como o de Maria Esther Bueno, brilhante tenista brasileira.

Aqui, o professor poderá pedir participação do aluno para dar sua opinião, dar mais informações, etc

A5 - Página 139
Nesta lista de palavras o professor tem um campo rico para explorar o assunto de futebol.

Seria interessante destacar as palavras "torcedor", "torcida" e o verbo "torcer", relacionados com os grandes times do país, de São Paulo, do Rio de Janeiro e do Rio Grande do Sul.

A figura do juiz é inspiradora:
- Ele está calmo?
- O que ele tem na mão? O que significa isso?
- O que tem na boca? Para que serve?

A figura do bandeirinha permite manter um diálogo interessante com o aluno

— Por que ele tem este nome? O que ele faz durante o jogo?

— Qual a sua função durante o jogo? A figura do time também enseja conversas interessantes:

- alguns jogadores estão em pé, outros, agachados, de braços cruzados, abraçados, de joelhos, etc Quem é o goleiro? Como sabemos?

- Os jogadores são de diversos tipos. No país do aluno, os tipos dos jogadores também são tão diferentes?
- Comente a "elegância" do técnico.

O professor poderá, ainda, dar os nomes das diversas posições dos jogadores no campo e compará-los com os do país do aluno.

Página 140

O professor chamará a atenção do aluno para as palavras "empate", "empatar". Este fará frases.

Os times do Corínthians e do Palmeiras são grande rivais tradicionais. Um jogo entre eles é sinônimo de estádio superlotado, fanatismo e, às vezes, violência entre os torcedores.

O professor perguntará ao aluno se existe algo parecido em seus país.

C1 - Página 150

O título da faixa: "Reveillon 2000 na Paulista", significa um convite para passar a noite de 31 de dezembro na Avenida Paulista.

A foto é referente à Corrida de São Silvestre. O professor explicará o que é a corrida de São Silvestre.

Observar o número de participantes. Na verdade, há dois tipos deles: os que se inscrevem só para correr até onde puderem - esses largam na parte de trás, e os participantes reais, que correm em busca do título e dos altos prêmios. Esses atletas saem na frente, protegidos por motos da polícia.

Quanto ao desenho da televisão, o professor iniciará com o aluno uma conversa sobre programas esportivos na televisão, sobre sua popularidade, sobre suas preferências pessoais.

Unidade 10 - Vestindo a roupa certa

A1 - Página 151

As fotos e a capa da revista Moda são sugestivas.

O professor poderá mostrar que a moda está cada vez mais presente na vida quotidiana: desfiles dos quais participam

jovens com roupas esportivas e descontraídas: vestidos, calças compridas, camisetas.
A capa da revista salienta nossa moda mais famosa para a praia: o minibiquíni, ou melhor, o "fio dental". Professor e aluno conversarão sobre as diferenças e semelhanças da moda entre países, seus exageros, etc.

Página 152
O professor conversará com o aluno sobre vários trajes usados de acordo com o tipo de festa. À página 153, o vocabulário ajudará o aluno e o professor a estenderem-se sobre o assunto.

Página 153
"De loja em loja "
As fotos deste diálogo ilustram o movimento de um "shopping center".
O professor observará que no Brasil, sobretudo nas grandes cidades, esse tipo de comércio é muito divulgado e que o nome dado a esse centro de compras conserva sua origem inglesa: Vamos ao shopping!
O professor poderá pedir a descrição das roupas usadas pelo público.

A5 - Página 154
O professor tem, nesta página, um vocabulário rico, variado e quase completo do vestuário e de seus complementos.
Ele deverá nomear todas as peças que aí aparecem, bem como os elementos usados em costura: centímetro, agulha, linha e dedal.
Em oposição aos shoppings centers, as fotos mostram o movimento nas ruas de cidades grandes e o comércio dos vendedores de rua, "os camelôs", que vendem de tudo um pouco: roupas, acessórios, pequenos aparelhos de som, brinquedos...

Página 155
"As cores "
O professor poderá explorar as cores através das fotos, empregando um outro vocabulário

154

- Praças: o gramado, as luminárias públicas, os canteiros
- Artesanato: "As fitinhas" baianas em diversas cores, em homenagem ao Senhor do Bonfim, que funcionam como um talismã. As mãos em "figa", gesto que, segundo a crença africana, afasta o mal.
- As feiras livres: as cores das diversas frutas e legumes

C1 - Página 160
As fotos deste item completam, de alguma forma, as do item A1 e A2, bem como as do A4.
A rua 25 de Março, em São Paulo, é o maior centro atacadista de roupas, tecidos, acessórios, material escolar do Brasil. A presença dos camelôs também é um fato que impressiona, além do número incrível de pessoas transitando, o dia inteiro, por ela.

C2 - Página 160
O professor iniciará um diálogo, perguntando ao aluno, a partir da ilustração, se ele é pessoa formal ou descontraída.

Unidade 11- Pondo o pé na estrada

A1 - Página 169
A partir da idéia "Descubra um país diferente", o professor poderá, com o aluno, analisar as 4 fotos e dialogar sobre paisagens brasileiras pouco conhecidas e exploradas (chapadões, praias desertas, cidadezinhas remotas, etc)

A2 - Página 169
As 5 fotos da página são material rico para o desenvolvimento de uma conversa sobre os muitos aspectos do turismo brasileiro. O professor poderá ampliar o diálogo utilizando as fotos das páginas 23, 29, 37, 43, 46, 47, 56, 58, 74, 85, 104, 131, 133, 155, 160, 171, 172, 195, 196 e 197.

A4 - Página 171
"Ainda não sabemos o que fazer"
"Vamos para a Bahia"
"Luxo ou simplicidade"

"Um sol de rachar"
A partir das fotos das páginas 171 e 172, bem como das outras indicadas para o item A2 da página 169, aluno e professor poderão conversar sobre qual a melhor forma de passar férias no Brasil.

A5 - Página 172
"O carro e a viagem. Risque o intruso"
As ilustrações permitem ao professor manter um diálogo espontâneo com o aluno:
Para que serve o acelerador? Se o freio falhar, o que se deve fazer?
"Os animais, Brasil afora"
As ilustrações da página 173 permitem não só a identificação dos animais, cujos nomes se encontram listados à esquerda, mas também comparações, relatos de episódios, informações, que propiciam conversas espontâneas durante a aula.

B1 B2
Ver observações à página 139 deste Manual.
C1 C2
Ver observações à página 140 deste Manual.

Unidade 12 – Vendo, ouvindo, lendo... e escolhendo.
A1 - Página 183
A partir da ilustração, professor e aluno conversarão sobre televisão, rádio, imprensa, internet.

A4 - Página 185
As fotos à página 186, do filme **Central do Brasil**, e as da página 187, com o nome das grandes redes da televisão brasileira e de importantes jornais de São Paulo, do Rio, de Santa Catarina e do Rio Grande do Sul permitem um diálogo rico sobre o assunto.

A5 - Página 186
O professor deverá dar informações sobre as várias redes de televisão indicadas. A partir daí, iniciará diálogo com o

aluno, perguntando-lhe sobre os tipos de canais e nível de qualidade dos programas de seu país. Fará o mesmo com as manchetes dos jornais.

B1 B2
Ver observações à página 139 deste Manual.
C1 C2
Ver observações à página 140 deste Manual.

Unidade 13 – Pintando e bordando
A1 - Página 195
As manchetes oferecem material para diálogo sobre manifestações artísticas brasileiras (música, teatro, pintura, etc). A manchete sobre o carnaval serve de ponto de partida para uma boa conversa sobre as festas brasileiras e a caracterização dos brasileiros como gente alegre.

A2 - Página 195
A análise das fotos às páginas 150-195-196-197 dá ao aluno uma boa idéia da diversidade das festas populares brasileiras. O professor poderá explicar algumas delas antes de iniciar o trabalho com o texto "Vocação brasileira: alegria!"

A4 - Página 198
"Se eu pudesse, ficaria, aqui a vida inteira"
A ilustração do diálogo permite introduzir o tema da musicalidade brasileira.

"Cunvite"
A ilustração permite identificar imediatamente os elementos tradicionais das festas juninas mencionadas no convite.

"Pintores?"
Com os quadros de Tarsila, Portinari e Volpi, o professor poderá iniciar um trabalho interessante sobre pintores brasileiros, levando o aluno a descrever os quadros, a dar sua opinião sobre eles, a compará-los com outros pintores, a conversar sobre correntes artísticas, a expressar suas preferências, etc.

A5 - Página 199

Os instrumentos musicais que ilustram A5 são usados, por exemplo, num forró. Que instrumentos musicais ou que tipo de música se ouve num coquetel, numa reunião pequena, num baile de gala? O livro de Cecília Meireles pode inspirar conversas espontâneas sobre autores brasileiros e, em continuação, sobre artistas em geral.

B1 B2

Ver observações à página 139 deste Manual.

C1 C2

Ver observações à página 140 deste Manual.

Unidade 14 – Procurando emprego

A1 - Página 209

A ilustração apresenta três brasileiros preocupados com o tema emprego.

A partir de suas perguntas e das manchetes dos jornais que estão lendo, professor e aluno poderão conversar sobre desemprego, desemprego estrutural, sobre o perfil do trabalhador moderno e conjecturar sobre como deverão ser os empregos no futuro.

A4 - Página 211

"O Mercado de trabalho"

Com certeza, o professor deverá, com o aluno, analisar o gráfico, antes de trabalhar o diálogo. Conversas interessantes se desenvolverão a partir, por exemplo, da menção ao setor agrícola (onde se produz o quê, quanto se produz, o que se produz mais, etc). O mapa à página 72 poderá ser muito útil nesse momento.

A5 - Página 213

As ilustrações sugerem o uso de várias palavras do vocabulário apresentado: O bóia-fria não tem benefícios, nem mordomias. Ele pode ser admitido e demitido a qualquer hora. Trata-se de um subemprego.

B1 B2
Ver observações à página 139 deste Manual.
C1 C2
Ver observações à página 140 deste Manual.

Unidade 15 - Conquistando seu espaço
A4 - Página 225
Nos três primeiros diálogos, descrevem-se as relações pessoais dentro da empresa brasileira e os tipos mais característicos de seus executivos.
O aluno, levado pelas ilustrações, poderá, antes de ler os diálogos, tentar adivinhar o que é um "chefe bombeiro" ou um "chefe cacique", ou como é o clima de trabalho comum numa empresa brasileira. Nessa conversa, o professor antecipará o vocabulário novo que aparece nos diálogos.

A5 - Página 227
Esta ilustração permite a aplicação de grande número das palavras listadas:
O **subordinado** está muito distante de seu **superior hierárquico**. Ele não tem **autonomia**, porque o chefe é **autoritário** e não **delega tarefas**. Essa **falta de autonomia**...
As ilustrações de A4 (páginas 225 e 226) também podem ser usadas para levar o aluno a aplicar palavras da lista à página 227

B1 B2
Ver observações à página 139 deste Manual.
C1 C2
Ver observações à página 140 deste Manual.

5. Trabalhando com o Áudio (Cassetes/CDs)

Como já foi dito na **Introdução**, o Áudio compreende dois conjuntos de materiais:

a)   Material para ser usado com o Livro-Texto:
— 2 CDs ou fitas cassetes, contendo a gravação dos textos iniciais e dos diálogos de cada uma das unidades temáticas, além da gravação do capítulo Fonética, que integra o Livro-Texto.
É um suporte importante para a aprendizagem da linguagem oral. Permite ao aluno identificar os sons mais característicos da língua, perceber a entonação das frases, em particular, das frases interrogativas, que apresentam maior dificuldade, e reproduzir corretamente sons e entonações na sua comunicação oral.

b)   Material de ampliação do Livro-Texto:
— 4 CDs ou fitas cassetes, contendo a gravação de 15 unidades temáticas, paralelas às do Livro-Texto, mas com novos diálogos e exercícios, referentes a três itens: Dialogando, Aplicando o que aprendeu, Chegando lá.
— Livro de textos e exercícios orais para audição, contendo todo o material gravado nesses CDs ou fitas cassetes.
Esse segundo conjunto foi concebido como material de reforço e de ampliação do Livro-Texto. Daí a sua dupla característica de material complementar, mas, ao mesmo tempo, independente.
Pode ser usado dentro e fora da sala de aula, de acordo com a necessidade e interesse do aluno, bem como de seu tempo disponível.
Assim como ocorre com as unidades do Livro-Texto, cada

unidade do Áudio se constitui em um todo independente, isto é, tem começo, meio e fim. O fio condutor é a temática da unidade, que perpassa os diálogos, os exercícios de fixação gramatical, conduzindo à comunicação autônoma e pessoal do aluno no final.
Embora uma unidade seja independente da outra, nesse sentido, o ideal é estudá-las na seqüência em que são apresentadas, devido à gradação de dificuldades e de complexidade das estruturas gramaticais.

Em **Dialogando,** são apresentados dois diálogos novos sobre o tema da unidade. Após ouvir o diálogo, o aluno é convidado a falar no lugar de um dos interlocutores e, em seguida, a conferir suas falas.
A partir da 6ª. unidade, dependendo da dificuldade dos textos e da presença de vocabulário novo, são propostos exercícios de compreensão e de aplicação gramatical imediata. Por exemplo: na Unidade 7, após o 1º. diálogo, são propostas questões de compreensão de texto. Após o 2º. diálogo, questões de aplicação gramatical, referentes aos tempos verbais. As falas do diálogo estão no pretérito perfeito. Pede-se ao aluno que repita as falas, usando os verbos no presente. Outro exemplo: na Unidade 11, após o 2º. diálogo, são propostos três exercícios diferentes. No primeiro, o aluno deve completar as frases dadas, de acordo com o diálogo. No segundo, são retomadas algumas frases afirmativas do diálogo, pedindo-se ao aluno que faça a pergunta adequada. No 3º·, o aluno deve repetir algumas frases do diálogo, substituindo o singular pelo plural.
A cada exercício de compreensão de texto ou de aplicação gramatical seguem-se as respostas. O aluno tem, assim, a oportunidade de conferir seu entendimento e de corrigir, se necessário, suas respostas.

Em **Aplicando o que aprendeu**, o aluno tem uma seqüência de exercícios gramaticais, correspondentes aos itens gramaticais estudados no Livro-Texto. O objetivo, aqui, é reforçar a automatização das estruturas lingüísticas estudadas e consolidar sua aquisição. O aluno deverá ser capaz de responder correta e automaticamente às questões propostas. Como no item anterior, o aluno tem a oportunidade de ouvir, falar e conferir suas respostas, corrigindo-as, se necessário.

Em **Chegando lá**, são propostas situações e questionamentos relativos ao tema da unidade, mediante pequenos textos, diálogos ou perguntas, referentes ao Brasil ou ao país de origem do aluno. Como no Livro-Texto, é o passo final da aprendizagem conduzida em cada unidade. Espera-se que o aluno seja capaz de comunicar-se de forma espontânea e autônoma. Ao responder às questões e conferir suas respostas, o aluno tem a oportunidade de avaliar até que ponto conseguiu dominar as estruturas gramaticais e o vocabulário necessários à comunicação oral independente e segura.

6. Considerações finais

Em **DIÁLOGO BRASIL**, o método não se esgota com o material impresso e com o áudio. O curso foi concebido de forma a permitir o trabalho criativo tanto do professor quanto do aluno, a partir da metodologia proposta. A opção de trabalhar com temas relativos à realidade brasileira contemporânea em suas várias dimensões: política, econômica, cultural, artística, esportiva, permite sua atualização permanente. Todos os assuntos e situações propostos podem ser trabalhados a partir de novos textos e contextos, tirados de jornais, revistas, obras literárias, jornais televisivos, programas de entrevistas, por rádio, televisão, internet, etc.

Na escolha de novos textos e materiais de apoio ou de enriquecimento dos temas trabalhados em **DIÁLOGO BRASIL**, o professor deverá levar em conta um aspecto importante: a fidelidade aos passos metodológicos e ao tratamento dado à gramática, vista não como fim em si mesma, mas como instrumento para aquisição e consolidação das estruturas lingüísticas necessárias à efetiva comunicação oral e escrita.

Deverá considerar, principalmente, o nível de seu aluno, seus interesses, sua maior ou menor dificuldade no uso de determinadas estruturas gramaticais, seu maior ou menor conhecimento da realidade brasileira.